edition suhrkamp 2596

W0068105

An keinen US-Präsidenten knüpften sich in den letzten Jahrzehnten so große Hoffnungen wie an Barack Obama. Doch zugleich stand seit langem kein neuer Präsident bei seinem Amtsantritt außenpolitisch vor einer solchen Fülle von Problemen und Herausforderungen: Die USA sind in zwei kriegerische Konflikte verstrickt, die Stabilität des Atomwaffenstaats Pakistan ist gefährdet, Iran steht möglicherweise kurz vor dem Erwerb eines Atomwaffenpotentials, die Beziehungen zu Rußland befinden sich in einer schwierigen Phase – und das alles in einer Zeit, in der die wirtschaftlichen und budgetären Folgen der Finanzkrise sich auch auf den außenpolitischen Gestaltungsspielraum auswirken. Vor diesem Hintergrund ist es ein ambitioniertes Projekt, das Barack Obama in Angriff genommen hat und für das er, in einer Art Vertrauensvorschuß, den Friedensnobelpreis verliehen bekam: die Erneuerung und Wiederherstellung der amerikanischen Führungsrolle in der internationalen Politik. Peter Rudolf zieht eine erste Bilanz der neuen amerikanischen Außenpolitik und legt dar, welche Herausforderungen sich daraus für Deutschland ergeben.

Peter Rudolf leitet die Forschungsgruppe Amerika der *Stiftung Wissenschaft und Politik*, Deutsches Institut für Internationale Politik und Sicherheit.

Peter Rudolf
Das »neue« Amerika

Außenpolitik unter
Barack Obama

Suhrkamp

edition suhrkamp 2596
Erste Auflage 2010
© Suhrkamp Verlag Berlin 2010
Originalausgabe
Satz: Hümmer GmbH, Waldbüttelbrunn
Druck: Druckhaus Nomos, Sinzheim
Umschlag gestaltet nach einem Konzept
von Willy Fleckhaus: Rolf Staudt
Printed in Germany
ISBN 978-3-518-12596-0

1 2 3 4 5 6 − 15 14 13 12 11 10

Inhalt

Vorwort

Kein amerikanischer Präsident dürfte sein Amt mit einer so vollen außenpolitischen Aufgabenliste angetreten haben wie Barack Obama. Er kündigte an, den *reset button* im Verhältnis zu Rußland zu drücken, eine offene Hand in Richtung Iran auszustrecken, eine friedliche Beilegung des Nahostkonflikts auf den Weg zu bringen, die amerikanischen Truppen aus dem Irak abzuziehen, den Krieg in Afghanistan zu gewinnen, den Klimaschutz voranzutreiben und sich für eine Welt mit weniger Atomwaffen einzusetzen. Er werde dazu die multilaterale Zusammenarbeit stärken, die Verbündeten Amerikas ernsthaft konsultieren und die legitime Führungsrolle der USA wiederherstellen.

Der Wechsel im Weißen Haus erfolgte zu einer Zeit, in der international immer intensiver über die Folgen des Aufstiegs neuer Führungsmächte wie China und Indien und die Verschiebung des globalen Machtgewichts diskutiert wurde. George W. Bush, Obamas Vorgänger, hatte zwar die Macht Amerikas und die Fähigkeit der Vereinigten Staaten, unilateral zu handeln, unübersehbar demonstriert, aber den amerikanischen Einfluß in der Welt verspielt. Spitzenleute des Obama-Teams bemühen sich auch deshalb immer wieder zu erklären, kein Staat der Welt, die USA eingeschlossen, könne existentielle Probleme im Alleingang bewältigen.

Bei all dieser Relativierung, das stellt Peter Rudolf, der Leiter der Forschungsgruppe Amerika der *Stiftung Wissenschaft und Politik* (SWP), in diesem Buch klar, darf man die Machtfülle der USA allerdings auch nicht unterschätzen. Wenn in der komplexen, globalisierten Welt von heute Führung möglich ist, dann durch Washington. Tatsächlich, das lernt man in diesem Buch, geht es bei der mit vielen Einzelthemen gefüllten Agenda Barack Obamas im Kern darum, die Führungsrolle der USA, die unter Bush verlorengegangen ist, wiederherzustellen. Nicht im Strategiewechsel an einzelnen Brennpunkten des Weltgeschehens – im Irak etwa oder in Afghanistan –, wo eine Revision der bisherigen Politik zum Teil bereits in der Endphase der Bush-Regierung eingeleitet wurde, liegt der eigentliche Bruch mit der Linie seines Vorgängers, sondern hier, in der Rückbesinnung auf das, was Rudolf die »Logik liberaler Hegemonie« nennt: Eine Logik, bei der es eben auch darauf ankommt, die Achtung politischer und gesellschaftlicher Akteure außerhalb der USA nicht zu verlieren und die Unterstützung und Teilnahme anderer Staaten bei Initiativen im internationalen Raum zu gewinnen.

Rudolfs Buch ist nicht nur die erste Gesamtdarstellung der neuen amerikanischen Außenpolitik. Es ist auch besonders lesenswert, weil es – im Unterschied zu vielen Kommentierungen, die sich mit Einzelaspekten von Obamas internationaler Agenda befassen – die Einbindung regionaler und politikfeldspezifischer Initiativen der neuen US-Regierung in deren Gesamtstrategie erläutert und gleichzeitig auf die Bruchstellen dieser Strategie hinweist.

Letztlich wird sich der Erfolg Obamas und seiner Regierung eben nicht nur an der öffentlichen Wirkung der Auftritte des Präsidenten, sondern daran messen, wie Konflikte gelöst und globale Probleme bewältigt werden. Das gilt etwa im Bereich der nuklearen Abrüstung, wo Obama sich zu dem visionären Ziel bekannt hat, den Weg in Richtung »Global Zero« zu bahnen. Noch ist, wie Rudolf zeigt, offen, ob der Präsident hier genügend internationale Unterstützung mobilisieren und sich gegen Widerstände aus der eigenen Sicherheitsbürokratie und aus dem Kongreß durchsetzen kann. Innen- und Außenpolitik hängen eng zusammen: So wird die Ernsthaftigkeit seines Vorhabens international eben auch daran gemessen werden, ob es ihm gelingt, den Kongreß zur Ratifizierung des nuklearen Teststopp-Abkommens (CTBT) zu bewegen. Auch die Durchsetzung effektiver Klimaschutz-Ziele – eine zentrale Forderung Europas, die Obama und seine Mitstreiter inhaltlich teilen – hängt an innenpolitischen Auseinandersetzungen, die Obama noch zu gewinnen hat.

Gerade auch aus europäischer Perspektive wird mit besonderem Interesse beobachtet, wie die Obama-Regierung ihre Politik gegenüber dem weiteren Nahen und Mittleren Osten ausrichtet. Obama hat zur Erleichterung der Europäer erklärt, daß er einer Beilegung des arabisch-israelischen Konflikts »vom ersten Tag« an höchste Priorität geben werde. Rudolf erläutert, wie Washington hier seit dem Amtsantritt Obamas zu einer an den klassischen amerikanischen Interessen im Nahen Osten ausgerichteten Politik zurückkehrt, zu der auch die Rolle eines Vermittlers im arabisch-israelischen Konflikt und das Angebot der Kooperation an schwierige Spieler wie Syrien und Iran gehört. Auch hier hat der Diskurs, die richtige Ansprache anderer Gesellschaften, eine große Bedeutung. Obama hat das in seiner Kairoer Rede, die sich an die muslimische Welt richtete, demonstriert. Darüber hinaus aber zeigt der Druck, den Washington in der Frage des Siedlungsbaus auf Israel auszuüben begonnen hat, daß die amerikanische Politik im Nahen und Mittleren Osten substantiell revidiert worden ist. Dies zeigt auch die Politik der »ausgestreckten Hand« gegenüber Iran. Gerade im Hinblick auf Iran liegt allerdings ein »Plan B«, der eine härtere Gangart vorsieht, falls Washington in Teheran keine Partner finden sollte, zumindest in der Schublade. Obamas Politik ist, wie Rudolf hier, aber auch an anderen Beispielen zeigt, keineswegs idealistisch, sondern in höchstem Maße pragmatisch und realistisch.

Einen deutlichen Politikwechsel hat die neue amerikanische Regierung auch im Umgang mit Afghanistan vorgenommen. Hier hat es bislang wenig innenpolitische Kontroversen gegeben, zumal es möglich war, an eine Überprüfung der Strategie anzuknüpfen, die bereits unter der Bush-Regierung, deren Verteidigungsminister Robert Gates Obama immerhin übernahm, begonnen hat. Die Afghanistan-Strategie steht heute im Zeichen einer Aufstandsbekämpfung, die die Sicherheit der afghanischen Bevölkerung in den Mittelpunkt stellt, den Aufbau afghanischer Institutionen fordert und den regionalen Kontext einbezieht. Interessanterweise, das stellt Rudolf heraus, scheint die in Afghanistan erkannte Notwendigkeit, die lokale Bevölkerung selbst für die Ziele der Amerikaner zu gewinnen, bei der neuen Pakistan-Politik Washingtons nicht die gleiche Rolle zu spielen.

Anders als der Irakkrieg, den Obama von Beginn an als »falschen Krieg« deklariert hat und den er nun, mit großer öffentlicher Unterstützung, baldmöglichst beenden will, ist der Afghanistan-Einsatz bereits im ersten Amtsjahr des neuen Präsidenten immer mehr zu »Obamas Krieg« geworden. Er dürfte zu einem der wichtigsten Prüfsteine für den außenpolitischen Erfolg des Präsidenten werden. Zu den Erfolgsvoraussetzungen gehört, wie Rudolf darstellt, auch hier, daß Obama genügend innenpolitische Zustimmung für diesen Einsatz aufrechterhalten und genügend internationale Unterstützung mobilisieren kann.

Die *Stiftung Wissenschaft und Politik*, das Deutsche Institut für Internationale Politik und Sicherheit, hat zur Aufgabe, deutsche und europäische Politik mit Hilfe eigener, unabhängiger wissenschaftlicher Untersuchungen zu beraten und zu unterstützen. Als ein Produkt aus der Werkstatt der SWP enthält Rudolfs Buch deshalb abschließend auch eine Reihe von Überlegungen zur deutschen Amerikapolitik. Deutschland und die Europäische Union haben ein vitales Interesse an einer wohlwollenden amerikanischen Führung in der internationalen Politik – an einem Amerika, das bei der Bewältigung und Lösung globaler Probleme und regionaler Konflikte leitet, aber nicht allein agiert. Das heißt nicht, daß nicht auch weiterhin gelegentliche Differenzen zu erwarten sind. Rudolf ignoriert diese Differenzen nicht, fordert vielmehr, sie auszuhalten, wenn er abwägend für eine Unterstützung der amerikanischen Führungsrolle plädiert, wo »eigene Interessen und Werte nicht kompromittiert werden«. Das heißt auch, die Obama-Regierung da nicht allein zu lassen, wo sie ihre Freunde und Verbündeten um Rat, aber auch um materielle Unterstützung bittet. Es reicht nicht abzuwarten, ob Obama wohl Erfolg haben wird, selbst aber wenig Bereitschaft zu zeigen, mehr Verantwortung zu übernehmen. Vornehme Zurückhaltung auf unserer Seite wird nur denjenigen in den USA Auftrieb geben, die von Europa ohnehin wenig halten und die amerikanische Außenpolitik am liebsten auf einen unilateralen Kurs zurückführen möchten.

Volker Perthes

Einleitung

Amerikas neuer Führungsanspruch[*]

»Die Menschen«, so schrieb Karl Marx 1852 in seiner Schrift »Der achtzehnte Brumaire des Louis Bonaparte«, »machen ihre eigene Geschichte, aber sie machen sie nicht aus freien Stücken, nicht unter selbstgewählten, sondern unter unmittelbar vorgefundenen, gegebenen und überlieferten Umständen.« Barack Obama macht Geschichte, hat mit seiner Wahl zum Präsidenten bereits aus freien Stücken Geschichte geschrieben. Aber in seiner Außenpolitik macht er sie in der Tat unter vorgefundenen Umständen, unter Umständen, die widriger nicht sein könnten. Seit vier Jahrzehnten stand kein neuer Präsident bei seinem Amtsantritt außenpolitisch vor einer solchen Fülle von Problemen und Herausforderungen wie Barack Obama: Die USA sind in zwei kriegerische Konflikte verstrickt, die Stabilität des Atomwaffenstaates Pakistan ist gefährdet, Iran steht vielleicht bald vor dem Erwerb eines Atomwaffenpotentials, die Beziehungen zu Rußland befinden sich in einer schwierigen Phase – und das alles in einer Zeit, in der die wirtschaftlichen und budgetären Folgen der Finanzkrise sich auch auf den außenpolitischen Gestaltungsspielraum auswirken. Vor diesem Hintergrund ist es ein ambitioniertes Projekt, das Barack Obama in Angriff genommen hat: die Erneuerung und Wiederherstellung der amerikanischen Führungsrolle in der internationalen Politik.

Eine wohlwollende amerikanische Führung und Vormachtstellung sei die einzige Hoffnung für die Menschheit, anson-

[*] Für die kritische Lektüre des Manuskripts und hilfreiche Anregungen danke ich Heinrich Geiselberger, Volker Perthes und Henriette Rytz.

sten drohe die Rückkehr zu einer destabilisierenden Rivalität der Großmächte: Das ist nach wie vor ein fester Glaubenssatz der amerikanischen außenpolitischen Elite.[1] Trotz einiger Differenzen bleibt, das machte der Diskurs im Wahljahr 2008 deutlich, die außenpolitische Debatte in den USA im wesentlichen im Rahmen eines hegemonialen Rollenverständnisses gefangen. Aus dieser Sicht sind die USA auch weiterhin der Garant internationaler Stabilität; ein Abbau ihrer weltweiten militärischen Präsenz würde das internationale System destabilisieren. Die Tatsache, daß diese Position gar nicht ausdrücklich begründet werden muß, zeigt, wie wirkmächtig sie nach wie vor in der außenpolitischen Ideologie der USA ist.[2]

Dieses Rollenverständnis beruht auf Machtressourcen, deren Fülle vor dem Hintergrund der Finanz- und Wirtschaftskrise und der neu einsetzenden Rede vom Niedergang amerikanischer Macht leicht unterschätzt wird. Nach wie vor ist das Charakteristikum der gegenwärtigen Position der USA im internationalen System das volle Profil überlegener harter Macht, militärischer, wirtschaftlicher und technologischer.[3] Militärisch ist die Überlegenheit zu Wasser, zu Lande und in der Luft von derartigem Ausmaß, wie es im neuzeitlichen Staatensystem wohl noch nie der Fall war. Auch die wirtschaftliche Überlegenheit ist beeindruckend, aber nur dann, wenn man die EU nicht als »Staat« zählt; würde man dies

1 Vgl. Jentleson, Bruce W. / Steven Weber, »America's hard sell«, in: *Foreign Policy* November / Dezember 2008.
2 Kritisch dazu Pfaff, William, »Manifest destiny. A new direction for America«, in: *The New York Review of Books* 54/2 (15. Februar 2007).
3 Vgl. Brooks, Stephen G. / William Wohlforth, »American primacy in perspective«, in: *Foreign Affairs* 81/4 (2002) (S. 20-33); Josef Joffe, »The default power. The false prophecy of America's decline«, in: *Foreign Affairs* 88/5 (2009) (S. 21-35).

tun, dann wären die USA nur der zweitgrößte Markt weltweit. Mit der Schaffung des europäischen Binnenmarktes und dem wirtschaftlichen Erstarken Asiens ist die relative wirtschaftliche Stärke der USA gesunken. Lag das jährliche Wachstum des amerikanischen Bruttosozialprodukts in den neunziger Jahren bei vier Prozent, so betrug es unter der Regierung George W. Bushs nur zwei Prozent pro Jahr. Doch selbst wenn man einen langfristigen relativen »Niedergang« der USA aus diesen Daten ablesen will, so ändert das nichts an der Tatsache, daß die USA selbst bei der Entwicklung eines multipolaren Systems der Staat mit den meisten Machtressourcen bleiben.[4] Ein wirklicher hegemonialer Rivale ist bislang noch nicht in Sicht. China hat zwar das Potential, die wirtschaftliche Stärke der USA im Laufe der nächsten Jahrzehnte zu erreichen. Doch selbst wenn das Reich der Mitte auch technologisch und militärisch aufholen sollte, so bliebe China doch in einem Punkt gegenüber den USA benachteiligt: durch seine geopolitische Lage, durch den Umstand, daß China an Staaten grenzt, die zu einer Gegenmachtbildung in der Lage sind. Die überlegene Machtposition der USA mag im Laufe der nächsten Jahrzehnte schwinden; doch am Ende der Ära Bush war es vor allem eine Legitimitätskrise, an der der Führungsanspruch der USA litt.

Eine Vielzahl internationaler Meinungsumfragen zeigte am Ende der Regierungszeit George W. Bushs, daß Amerikas Ansehen und Image als Führungsmacht auf einem Tiefstpunkt angelangt waren. In dieser Einschätzung vermischten sich, so scheint es, Vorbehalte gegenüber dem herausgehobenen Status und Anspruch der alleinigen Supermacht USA mit

---

4 Vgl. Pape, Robert A., »Empire falls«, in: *The National Interest*, 22. Januar 2009, online verfügbar unter: ⟨http://www.nationalinterest.org/Article. aspx?id=20484⟩ (Stand: Juni 2009).

der Ablehnung der Außenpolitik unter Bush und Zweifeln an der amerikanischen Führungskompetenz.[5]

Diese Legitimitätskrise des amerikanischen Führungsanspruchs erzwang geradezu eine außenpolitische Neubesinnung; erleichtert wird der Wandel durch den Pragmatismus Präsident Obamas, der in der Außenpolitik keine festen ideologischen Neigungen zu haben scheint, zumindest frei zu sein scheint vom mentalen Ballast des »Kalten Kriegs«. Barack Obama ist der erste wirkliche »Post-Cold-War-President« – also der erste Präsident, der nicht den größten Teil seines Erwachsenenlebens unter den Bedingungen des Konflikts mit der kommunistischen Sowjetunion durchlebt hat. Für einen Politiker seiner Generation haben offensichtlich einige Grundannahmen nicht mehr die Selbstverständlichkeit, die sie in den USA einst besaßen; Barack Obama ist nicht in einer Weltsicht gefangen, in der vor allem militärische Macht zählt, in der Bedrohungen vor allem von Staaten ausgehen, in der internationale Politik ein Nullsummenspiel ist und der Machtzuwachs des Gegners den eigenen Machtverlust bedeutet.[6]

Sicher: Oft verheißen neu ins Amt gekommene Präsidenten den außenpolitischen Wandel; doch institutionalisierte Ideologien, bürokratische Routinen und festgefügte gesellschaftliche Interessen und Koalitionen wirken dem entgegen.[7] In der Regel unterzieht eine neue Regierung die Außen-

5 Diese Legitimitätskrise des amerikanischen Führungsanspruchs wurde in der amerikanischen außenpolitischen Elite weithin wahrgenommen. Als Überblick über zahlreiche Umfragen und zu ihrer Interpretation vgl. Armitage, Richard L./Joseph S. Nye, Jr. (Hg.), *A Smarter, More Secure America. Report of the CSIS Commission on Smart Power*, Washington: Center for Strategic and International Studies (CSIS), November 2007 (S. 17-26).
6 Hachigian, Nina, *A Post-Cold War President*, Washington: Center for American Progress (20. November 2008).
7 Vgl. Hagan, Joe D./Jerel A. Rosati, »Emerging issues in research on for-

politik in vielen Feldern einer kritischen Überprüfung, oft
führt sie dann doch mit einiger Verzögerung die alte Linie
im wesentlichen fort. Kommt es zu einem strategischen Wandel, dann kann dieser durchaus anders aussehen als im Wahlkampf versprochen. So stellte George W. Bush vor seiner
Wahl eine zurückhaltende, an engen realpolitischen Interessen orientierte Außenpolitik in Aussicht; doch dann schlug
er in der Folge der Anschläge des 11. September 2001 eine in-
terventionistische, von liberaler Freiheitsrhetorik überschäu-
mende Strategie ein, die für manche Beobachter gar einer
»Revolution« gleichzukommen schien.[8] Doch in der zweiten Amtszeit dämpften bald beschränkte außenpolitische
Handlungsoptionen den ursprünglich geradezu revolutio-
nären Elan, erzwangen das Zugehen auf andere Staaten und
trugen zur Rückbesinnung auf eine geschmeidige Diplomatie
bei.

Die Erfahrung lehrt: Aus der Anfangszeit einer neuen Regierung sollte man nicht allzu weitreichende Schlüsse ziehen.
Die Macht von Strukturen und die Reaktion auf Krisen werden auch unter Barack Obama die amerikanische Außenpolitik bestimmen und strategische Prioritätensetzungen erzwingen, die nicht immer der anfänglichen Aufbruchsstimmung
entsprechen. Auch unter Barack Obama wird der in der amerikanischen Außenpolitik immer wieder zum Vorschein kom-
mende unilaterale Impuls nicht verschwinden, wenn die USA
als Führungsmacht für ihre Ziele keine Gefolgschaft finden.
Doch leitend ist unter Barack Obama die Präferenz für einen
multilateralen Ansatz, den Vizepräsident Joseph Biden so

eign policy restructuring«, in: dies./Martin W. Sampson III (Hg.), *Foreign
Policy Restructuring. How Governments Respond to Global Change*, Columbia: University of South Carolina Press 1994 (S. 265-279).

8 Vgl. Daalder, Ivo H./James M. Lindsay, *America Unbound. The Bush Revolution in Foreign Policy*, Washington: The Brookings Institution 2003.

auf den Punkt brachte: »Wir werden in Partnerschaft arbeiten, wann immer wir können; alleine nur dann, wenn wir müssen.«[9] Kooperation ist aus Sicht der neuen Regierung notwendig, da kein Staat allein die Bedrohungen bewältigen könne, vor denen die transatlantische Gemeinschaft steht. Mit der Renaissance der multilateralen Handlungslogik eröffnet Obamas Projekt der Rekonstruktion der amerikanischen Führungsrolle neue Einfluß- und Gestaltungsmöglichkeiten für die europäischen Verbündeten – und stellt sie zugleich vor konzeptionelle und politische Herausforderungen im Umgang mit den USA unter Barack Obama.

In welchem Maße drückt sich in der Wahl des Demokraten Barack Obama und dem Erfolg der Demokratischen Partei in beiden Häusern des Kongresses ein struktureller gesellschaftlicher Wandel aus? Was sind die Folgen für das politische System und den außenpolitischen Entscheidungsprozeß, in dem der Kongreß eine weit gewichtigere Rolle spielt als die Parlamente anderer liberaler Demokratien? Wie sehr wandelt sich unter den veränderten politischen Konstellationen die außenpolitische Grundorientierung? Kommt ein neues Verständnis der internationalen Rolle der USA zum Durchbruch? Wie schlägt sich außenpolitischer Wandel in jener manchmal als »Greater Middle East« bezeichneten Region nieder, die vom Nahen Osten bis nach Pakistan reicht und deren Konflikte, Krisen und Kriege mehr als alle anderen Fragen die außenpolitische Tagesordnung des neuen Präsidenten im ersten Jahr bestimmten? Inwiefern zeichnet sich

9 Übersetzungen alle durch den Autor; im Original: »[W]e will work in partnership whenever we can, alone only when we must.« Vizepräsident Joseph R. Biden in seiner Rede auf der 45. Münchner Sicherheitskonferenz, 7. Februar 2009, online verfügbar unter: ⟨http://www.securityconference. de/konferenzen/rede.php?menu_2009=&menu_konferenzen=&sprache=de&id=238&⟩ (Stand: Juni 2009).

dort eine neue Politik ab? Welche Herausforderungen folgen aus einer sich wandelnden amerikanischen Außenpolitik
für die deutsche Amerikapolitik? Das sind die Fragen, auf die
diese erste Bilanz der amerikanischen Außenpolitik unter
Barack Obama eine Antwort zu geben versucht. Sie ist keineswegs erschöpfend, sondern konzentriert sich auf jene Be-
reiche, in denen Wandel angekündigt und eingeleitet wurde.[10]

10 So bleiben etwa die Handelspolitik und die internationale Finanzpolitik
   ausgespart. Zur Finanzpolitik vgl. Mildner, Stormy/Dank Knothe, *Abschied vom* Benign Neglect? *Auf dem Weg zu einer neuen Finanzmarkt-
   ordnung in den USA*, Berlin: Stiftung Wissenschaft und Politik, August
   2009.

I.

Wahlen und Wandel.
Innenpolitische Rahmenbedingungen

Noch im Jahr 2004 war in den USA oft die Rede von einer dauerhaften Mehrheit der Republikanischen Partei auf Bundesebene. George W. Bush zog erneut ins Weiße Haus ein, seine Partei stellte die Mehrheit in beiden Häusern des Kongresses. Doch bereits zwei Jahre später büßten die Republikaner bei den Kongreßwahlen sowohl im Senat als auch im Repräsentantenhaus die Mehrheit ein – und verloren 2008 dann weitere Sitze an die Demokraten. Zusammen mit der Wahl des Demokraten Barack Obama ins Präsidentenamt stellt diese Entwicklung einen dramatischen Einflußverlust dar, wie ihn die Republikanische Partei seit Anfang der dreißiger Jahre nicht mehr erlebt hat.

Dauerhafte Mehrheit der Demokraten?

Im Umfeld der Demokratischen Partei ist bereits von einer neuen »Demokratischen Koalition« für das 21. Jahrhundert die Rede. In einer Zeit, in der die Wählerbindung an die Parteien nachgelassen hat, sind solche Vorhersagen mit großer Vorsicht zu genießen. Zwar hat sich eine neue, die Demokratische Partei begünstigende Wählerkoalition herausgebildet; doch noch ist es zu früh, von einer dauerhaften Veränderung des Wählerverhaltens und Parteiengefüges zu sprechen.[1]

1 Vgl. Drew, Elizabeth, »The truth about the election«, in: *The New York Review of Books* 55/20, 2008.

Solche sogenannten *realignments*, Neuformierungen der Wählerkoalitionen im Rahmen des Zweiparteiensystems, hat es in der amerikanischen Geschichte immer wieder gegeben. Im Laufe des 20. Jahrhunderts war dies zunächst vor dem Hintergrund der großen Depression die Herausbildung der New-Deal-Koalition im Jahr 1932, als Franklin D. Roosevelt mit den Stimmen der zu jener Zeit traditionell die Demokratische Partei wählenden Weißen im Süden und den Stimmen von Arbeitern, kleinen Farmern, katholischen und jüdischen Amerikanern sowie Afroamerikanern außerhalb des Südens gewählt wurde. Diese Wählerkoalition hielt über Jahrzehnte, erst 1968 begann sie zu zerfallen. 1980 schaffte schließlich eine konservative Mehrheit, die sogenannte Reagan-Koalition, den Durchbruch, als weiße Demokraten der Mittel- und der Arbeiterschicht als Reaktion auf die Bürgerrechtsgesetzgebung, aber auch auf die wirtschaftliche Situation (geringes Wachstum zusammen mit Inflation und Arbeitslosigkeit) der Demokratischen Partei den Rücken kehrten. In beiden Fällen war die Neuformierung der Wählerkoalitionen Resultat tiefgreifender wirtschaftlicher und sozialer Veränderungen in den USA.

Auch die Entwicklung einer neuen demokratischen Mehrheit seit den neunziger Jahren folgt, so argumentieren die Vertreter dieser Sicht, aus solchen Wandlungsprozessen: dem Wandel der amerikanischen Wirtschaft zu einer »postindustriellen Ökonomie«, gestützt auf Dienstleistungen und Wissensproduktion, konzentriert in Metropolregionen. Die zahlenmäßig angewachsene Gruppe der *professionals*, also qualifizierter »Geistesarbeiter« mit Universitätsabschluß, ethnische Minderheiten und (insbesondere gut ausgebildete) Frauen bilden, so die These, die Basis dieser neuen Mehrheitskoalition der Demokraten.[2]

Eine Koalition aus jüngeren Amerikanern, oberer Mittelschicht und Minderheiten hat Barack Obama in der Tat zum Sieg verholfen. In der weißen Arbeiterschaft dagegen konnte er keine nennenswerten Zugewinne gegenüber Al Gore und John Kerry verbuchen, den Präsidentschaftskandidaten der Demokraten in den Jahren 2002 beziehungsweise 2006. Mehr als 40 Prozent scheinen unter weißen Arbeitern für einen demokratischen Kandidaten nicht mehr erzielbar zu sein. Doch die weiße Arbeiterschaft stellt einen schwindenden Teil der Wählerschaft dar. Ihr Anteil beträgt nur noch 39 Prozent; 1988 waren es noch 54 Prozent und im Jahre 2000 immerhin noch 46.[3]

Die Republikanische Partei stützt sich hingegen auf eine Wählerkoalition, die zahlenmäßig weiter schrumpfen dürfte: ältere Wähler, Wähler aus der Arbeiterschaft, Wähler aus ländlichen Gebieten, weiße evangelikale Christen, konzentriert in den Staaten des »Tiefen Südens«, der »Großen Ebenen« und der Appalachen.[4] Die Republikaner sind sehr stark eine »versüdlichte« Partei; im Repräsentantenhaus kommt fast die Hälfte der Republikaner aus den Südstaaten. Doch die Südstaaten der USA haben ihre zentrale politische Rolle eingebüßt.[5] Seit Richard Nixon hatte die Republikanische Partei bei den Präsidentschaftswahlen auf den Süden gesetzt, auf die Eroberung weißer Wählerstimmen durch Themen, in denen der Faktor Hautfarbe mehr oder minder offen eine wich-

2 Vgl. Judis, John B. / Ruy Teixeira, *The Emerging Democratic Majority*, New York u. a.: Scribner 2002.
3 Vgl. Brownstein, Ronald, »Obama buoyed by coalition of the ascendant«, in: *National Journal* (8. November 2008).
4 Vgl. MacGallis, Alec / Jon Cohen, »Democrats add suburbs to their growing coalition«, in: *The Washington Post* (6. November 2008).
5 Vgl. Nossiter, Adam, »For south, a waning hold on national politics«, in: *The New York Times* (11. November 2008).

tige Rolle spielte. Der Weg ins Weiße Haus führte seitdem über Erfolge im Süden. Nicht ohne Grund waren bis zur Wahl Barack Obamas die beiden einzigen demokratischen Präsidenten, Jimmy Carter und Bill Clinton, Politiker aus den Südstaaten. Mit Barack Obama zog ein Demokrat ins Weiße Haus ein, der nicht einmal bei der Wahl seines Vizepräsidenten den Süden bedachte. Der Süden ist längst keine homogene Region mehr. Virginia und North Carolina – Staaten, die Barack Obama gewinnen konnte, in denen er noch im Jahr seiner Geburt Schwierigkeiten gehabt hätte, überhaupt wählen zu dürfen – haben sich strukturell durch die wirtschaftliche Entwicklung und den Zuzug gut ausgebildeter, gut verdienender Wähler verändert.

Beginnend mit den Kongreßwahlen 2006 und kulminierend in den Wahlen 2008, machten die Demokraten die Verluste wieder wett, die sie seit den achtziger Jahren hatten erleiden müssen. Dafür lassen sich zwei Ursachen anführen:[6] Da war zum einen die große Unzufriedenheit mit Präsident Bush, vor allem mit Blick auf die Finanzmarktkrise und die sich abzeichnende tiefe wirtschaftliche Rezession; denn Präsidentschaftswahlen sind immer auch Referenden, in denen die Wähler die Leistungen des Amtsinhabers beurteilen. Dieser stand zwar nicht mehr zur Wiederwahl, aber Barack Obama verkörperte die Hoffnung auf Wandel überzeugender als sein republikanischer Konkurrent John McCain. Wandel lautete die Botschaft, die Barack Obama im Wahlkampf verhieß – Wandel, den er personifizierte, Wandel

6 Zum folgenden vgl. Brady, Davis/Douglas Rivers/Laurel Harbridge, »The 2008 democratic shift«, in: *Policy Review* 152, 2008/2009; Jacobson, Gary C., »The 2008 presidential and congressional elections. Anti-bush referendum and prospects for the democratic majority«, in: *Political Science Quarterly*, 124/1, 2009 (S. 1-30); Podhoretz, John, »An Obama realignment?«, in: *Commentary* 126/5, 2008 (S. 13-17).

als Abkehr von der Politik des ungeliebten Präsidenten Bush, Wandel als Absage an einen die Nation spaltenden Politikstil. Zum anderen profitierten die Demokraten von der ideologischen Ausrichtung der Republikanischen Partei. Besonders die Haltung zu Wertefragen wie Abtreibung und Ehe unter Gleichgeschlechtlichen schreckte moderate Wähler ab, die sich selbst als Unabhängige oder »schwache« Republikaner einstufen.

Nicht die erste Ursache, also die rückblickende Beurteilung der Leistungen von Präsident Bush, ist allerdings das eigentliche Problem für die Republikanische Partei, sondern die zweite: Die Basis der Republikaner will Kandidaten mit einer konservativen Einstellung in moralischen Fragen; denn gerade für weiße evangelikale Republikaner bleiben diese entscheidend, selbst wenn in ihrer Wählergruppe inzwischen auch Themen wie Klimaschutz und Armutsbekämpfung eine Rolle spielen. Rigorose Positionen in moralischen Fragen entfremden jedoch die eher moderaten und unabhängigen Wähler, die im Hinblick auf wirtschaftliche Themen und in ihrer Haltung zur Rolle des Staates eher in der Republikanischen Partei beheimatet sind. Doch ohne diese Wähler können die Republikaner keine Mehrheiten erlangen. Deshalb könnte, langfristig betrachtet, die Wahl 2008 eine ähnlich weichenstellende Bedeutung haben wie die von 1980, nur diesmal zu Lasten der Republikaner.

Diese Abkehr von der Republikanischen Partei schafft die Möglichkeit einer längerfristigen Dominanz der Demokratischen Partei auf nationaler Ebene. Doch eine solche Entwicklung wird sehr stark von der Politik Präsident Obamas abhängen: in erster Linie davon, wie erfolgreich diese Politik bei der Bewältigung der Wirtschaftskrise ist und wie sie über staatliche Maßnahmen Wählergruppen an die Demokratische Partei binden kann.[7] Die Demokraten haben mit dem Sieg in den Wahlen 2008 politische Verantwortung in der schlimmsten Wirtschaftskrise seit den dreißiger Jahren übernommen. Die Zwischenwahlen zum Kongreß 2010 und die Präsidentschaftswahlen 2012 werden zu einem guten Teil Referenden über die Leistungen der neuen »Demokratischen Mehrheit« und der ambitionierten Reformagenda Barack Obamas sein. Denn dieser sieht die Krise auch als Chance, die USA wirtschaftlich, sozial und ökologisch zu modernisieren – oder wie Kritiker unter den Republikanern befürchten und warnen, über eine stärkere Rolle des Staates zu »europäisieren«.

Unified government – Keine Erfolgsgarantie

Mit dem Sieg der Demokraten bei den Präsidentschafts- und Kongreßwahlen kam es zur Rückkehr zum *unified government*, einer politischen Konstellation, in der dieselbe Partei das Weiße Haus und beide Häuser des Kongresses kontrolliert. Unter umgekehrten Vorzeichen hatte eine solche Konstellation zuletzt in den Jahren 2003 bis 2006 bestanden. Auf den ersten Blick sieht die neue Dominanz der Demokraten beeindruckend aus: Im Repräsentantenhaus verfügen sie über 256 von 435 Sitzen, im Senat kommen sie zusammen mit zwei »unabhängigen«, aber den Demokraten nahestehenden Senatoren auf eine Mehrheit von 60 Stimmen, nachdem ein knappes, strittiges Wahlergebnis in Minnesota Anfang Juli 2009 gerichtlich zugunsten des demokratischen Kandidaten entschieden wurde. Damit erreichen die Demokraten im Se-

7 Vgl. Judis, John B., »America the liberal«, in: *The New Republic* (online, 5. Januar 2008).

nat theoretisch die Supermehrheit von 60 Stimmen, ohne die sie kein wichtiges, kontroverses Gesetz verabschieden können. Denn diese Stimmenzahl ist notwendig, um ein *cloture* zu erzwingen, die Beendigung der Debatte und die Abstimmung über eine Gesetzesvorlage. Diese Supermehrheit hatte eine Partei, die Demokratische, zuletzt zwischen 1975 und 1979 besessen (bis 1975 war für die Beendigung der Debatte gar eine Mehrheit von 67 Senatoren notwendig). Doch die magische Zahl von 60 Stimmen sollte nicht überschätzt werden, denn die Senatoren stimmen keineswegs immer nach Parteilinie ab. Vielmehr gilt es bei jedem Thema Koalitionen zu schmieden. Der Gruppe der sogenannten *centrists*, jenem runden halben Dutzend eher moderater Republikaner und jenen 17 bis 20 eher zur Mitte neigenden Demokraten, kommt deshalb entscheidende Bedeutung zu.[8]

»Durchregieren« ist im amerikanischen politischen System nicht möglich. Das System ist eher auf die Verhinderung als auf die Durchsetzung politischen Wandels ausgelegt. Will Barack Obama dauerhaften Wandel einleiten, muß er immer wieder aufs neue Mehrheitskoalitionen zusammenbringen. Denn Abgeordnete und Senatoren sind in erster Linie selbständige politische Unternehmer. Sie sind weniger dem Präsidenten ihrer jeweiligen Partei und der Parteiloyalität als vielmehr ihrer Wählerklientel und ihren Wahlkampfspendern verpflichtet, und sie sind nicht dem disziplinierenden Zwang ausgesetzt, eine Regierung bilden oder stützen zu müssen. Im Zuge der Homogenisierung und Polarisierung der Parteien hat sich dieses Bild im Laufe der letzten zwei Jahrzehnte jedoch etwas verändert; die Parteiloyalität ist größer gewor-

8 Vgl. Cook, Charlie, »Senate's power rests with centrists«, in: *National Journal* (13. Dezember 2008); Hulse, Carl, »What's so super about a supermajority«, in: *The New York Times* (2. Juli 2009).

den. Das gilt insbesondere für die Republikaner, bei denen es kaum mehr moderate oder gar liberale Politiker gibt und die sich in den Jahren, in denen sie die Mehrheit stellten, in gewisser Weise »europäisierten«: Im Repräsentantenhaus, weniger ausgeprägt im Senat, kontrollierte eine kleine Führungsriege den legislativen Prozeß, belohnte loyale Abgeordnete und Senatoren, marginalisierte abweichende Stimmen und sicherte so Präsident Bush die erwarteten Mehrheiten.

Als ehemaliger Senator weiß Präsident Obama, wie wichtig, wie entscheidend für den Erfolg seiner Präsidentschaft gute Beziehungen zum Kongreß sind, auch wenn dort die eigene Partei die Mehrheit in beiden Häusern stellt.[9] Das gilt insbesondere, da die Demokraten im Kongreß nach den Erfolgen bei den letzten Wahlen heterogener geworden sind; die Zahl eher zur Mitte tendierender und vor allem die Zahl in Haushaltsfragen fiskalkonservativer Mitglieder hat sich erhöht. Barack Obama selbst ist der erste Senator seit 1960, seit der Wahl John F. Kennedys, der direkt den Sprung ins Weiße Haus schaffte. Sein Vizepräsident Joseph Biden hat jahrzehntelang eigene Erfahrung im Senat gesammelt, zuletzt als Vorsitzender des Auswärtigen Ausschusses. Auch Außenministerin Hillary Clinton verfügt als ehemalige Senatorin über Ansehen und ein umfangreiches Netz von Kontakten auf dem Kapitolshügel. Viele Stellen im Weißen Haus sind mit Personen besetzt, die Kongreßerfahrung und gute Beziehungen zu wichtigen Senatoren und Abgeordneten haben. Mit Rahm Emanuel wurde einer der führenden demokratischen Abgeordneten zum Stabschef im Weißen Haus berufen.

9 Zum Folgenden vgl. Cook, Charlie, »Obama's team to rival«, in: *National Journal* (13. Juni 2009); Bai, Matt, »Taking the hill«, in: *The New York Times Magazine* (7. Juni 2009).

Im Umgang mit dem Kongreß verfolgt Barack Obama eine Linie, die das Gegenmodell zu George W. Bush und dessen geradezu imperialen Machtansprüchen darstellt. Obama sucht die Konsultation und nimmt den Kongreß als eigenständiges Verfassungsorgan ernst. Er überläßt Abgeordneten und Senatoren die federführende Rolle auch bei den für ihn wichtigen Gesetzesprojekten. George W. Bush dagegen hatte die Bedrohung durch den Terrorismus genutzt, um wie kein anderer Präsident seit den siebziger Jahren den Machtanspruch des Weißen Hauses geltend zu machen. Die Kompetenzen, die Präsident Bush nach dem 11. September 2001 für sich reklamierte, waren derart weitreichend, die Selbstkontrollmechanismen des politischen Systems aber derart schwach ausgeprägt, daß die oft zu hörende These von einer »neuen imperialen Präsidentschaft« keineswegs überzogen erscheint.[10] Zum einen beanspruchte Bush vermehrt Vollmachten in jener Grauzone, in welcher der Kongreß dem Präsidenten traditionell beträchtliche Handlungsfreiheit läßt. Das gilt insbesondere für die in der Ära Bush ausgeweiteten geheimen Operationen der Nachrichtendienste. Zum anderen nahm er faktisch das Recht in Anspruch, sich über geltende Normen hinwegzusetzen und vom Kongreß verabschiedete Gesetze und internationale Verträge nach eigenem Gutdünken zu interpretieren. Der Machtanspruch schlug sich immer wieder in einer für viele im Kongreß überaus ärgerlichen Form nieder: in den die Unterzeichnung von Geset-

10 Vgl. *Reining in the Imperial Presidency. Lessons and Recommendations Relating to the Presidency of George W. Bush*, House Committee on the Judiciary Majority Staff Report to Chairman John Conyers, Jr., 13. Januar 2009; Rudolf, Peter, *Imperiale Illusionen. Amerikanische Außenpolitik unter George W. Bush*, Baden-Baden: Nomos 2007 (S. 23-30).

zen begleitenden *signing statements*. Darin ging Präsident Bush soweit, die Vollmacht zu beanspruchen, gesetzliche Vorgaben schlicht zu ignorieren. In Anspruch und Häufigkeit benutzte er dieses Instrument in derart exzessiver Form wie noch kein Präsident vor ihm.[11]

Es war daher ein deutliches Signal an den Kongreß und eine symbolträchtige Abkehr von den Anmaßungen seines Vorgängers, als Präsident Obama kurze Zeit nach Amtsantritt in einem öffentlichen Memorandum an die Leiter der Ministerien und Behörden seinen Umgang mit *signing statements* darlegte und sie anwies, alle vorliegenden Stellungnahmen nur nach Rücksprache mit dem Attorney General, dem Justizminister, anzuwenden, um sicherzustellen, daß die Praxis in Zukunft mit den von ihm formulierten Prinzipien für den Gebrauch von *signing statements* konsistent sein würde.[12] Der gelernte Verfassungsrechtler Barack Obama lehnt den Einsatz dieses Instruments ab, wenn es um politische Konflikte geht. Nur verfassungsrechtliche Einwände gegen Passagen eines Gesetzes sind seiner Auffassung nach ein legitimer Grund für den Einsatz von *signing statements* durch den Präsidenten; solche Einwände sollen dem Kongreß gegenüber früh geltend gemacht werden, um gemeinsam nach einer verfassungsgemäßen Lösung zu suchen und die Zahl der *signing statements* zu minimieren. Es geht um einen eng begrenzten, an Prinzipien orientierten Einsatz dieses Instru-

---

11 Insgesamt stellte er 1200 Abschnitte von Gesetzen in Frage. Damit nutzte er dieses Instrument doppelt so häufig wie alle seine Vorgänger zusammen. Vgl. Savage, Charlie, »Obama looks to limit impact of tactic Bush used to sidestep new laws«, in: *The New York Times* (10. März 2009).

12 The White House, *Presidential Signing Statements. Memorandum for the Heads of Executive Departments and Agencies*, 9. März 2009, online verfügbar unter: ⟨http://www.whitehouse.gov/the_press_office/Memoran dum-on-Presidential-Signing-Statements/⟩ (Stand: August 2009).

ments, um dem Präsidenten die Möglichkeit zu geben, nicht ein umfassendes Gesetzeswerk mit seinem Veto belegen zu müssen, wenn sich die Bedenken nur auf bestimmte einzelne Punkte beziehen.

Barack Obama hat somit sein Amt mit der Absage an die Auswüchse der »imperialen Präsidentschaft« angetreten – das heißt mit der Bereitschaft, den von seinem Vorgänger behaupteten Machtanspruch des Präsidentenamts zu mindern, sei es aus verfassungsrechtlicher Überzeugung, sei es aus politischer Opportunität im Verhältnis zum Kongreß. Doch kann Barack Obama auf Dauer den imperialen Verlockungen des Amtes widerstehen? Und falls nicht – werden die Demokraten im Kongreß dann »ihrem« Präsidenten entgegentreten? In den letzten beiden Jahren der Ära Bush, als die Demokraten in beiden Häusern des Kongresses die Mehrheit besaßen, begann der Kongreß seine verfassungsmäßigen Aufgaben in der Außen- und Sicherheitspolitk wieder ernst zu nehmen; in der damaligen Konstellation des *divided government*[13] begannen die Selbstkontrollmechanismen der amerikanischen Demokratie langsam wieder zu greifen.

Nach den Anschlägen vom 11. September 2001 hatten nämlich auch die Demokraten im Kongreß dem Machtanspruch des Präsidenten wenig entgegengesetzt, sei es aus echter Überzeugung von der Notwendigkeit eines starken Präsidentenamtes in Zeiten der Krise und Bedrohung, sei es aus politischem Opportunismus in einer Phase großer öffentlicher Zustimmung zur Amtsführung des Präsidenten. Verstärkt wurde die Dominanz des Präsidenten unter den Bedingungen

---

13 Von *divided government* wird in den USA gesprochen, wenn Weißes Haus und zumindest eine Kammer des Kongresses von unterschiedlichen Parteien kontrolliert werden.

des *unified government* in den Jahren 2003 bis Ende 2006, als die Republikanische Partei in beiden Häusern des Kongresses die Mehrheit stellte und ihre Vertreter weniger als Mitglieder eines unabhängigen Staatsorgans, sondern eher als loyale Anhänger des Präsidenten agierten. Zur ernsthaften Wahrnehmung der dem Kongreß obliegenden Kontrollaufgaben und damit notwendigerweise auch zur Kritik am »eigenen« Präsidenten waren nur wenige bereit. Der republikanisch dominierte Kongreß schlug Präsident Bush in der Sicherheitspolitik kaum eine Forderung ab.[14]

Fast konnte in Vergessenheit geraten: Der US-Kongreß hat eine einzigartig starke Rolle in der Außenpolitik inne; die amerikanische Außenpolitik ist im Regelfall Ergebnis eines nicht immer leicht zu durchschauenden Gegen- und Miteinanders zwischen Präsident und Kongreß, zweier Verfassungsorgane, die Vollmachten teilen und die, institutionell bedingt, stets in einem gewissen Maße unterschiedliche Präferenzen haben. Denn der Präsident will über ein größtmögliches Maß an Flexibilität in der Außenpolitik verfügen, der Kongreß aber seinen Einfluß durch einschränkende gesetzliche Vorgaben sichern. Konflikte zwischen Exekutive und Legislative sind unausweichlich, Kooperation ist zugleich unvermeidlich. Das liegt am verfassungsrechtlichen Rahmen einer »Regierung getrennter, die Macht *teilender* Institutionen«.[15] Der verfassungsrechtliche Rahmen läßt breiten Raum für jene Grauzone, in der die Kompetenzen von Kongreß und Prä-

---

14 Vgl. Rudolf, Peter, *Rückkehr zur Rivalität. Kongress und Präsident in der amerikanischen Außenpolitik am Ende der Ära Bush*, Berlin: Stiftung Wissenschaft und Politik, März 2008.

15 »Government of separated institutions sharing powers« (so Neustadt, Richard E., *Presidential Power and the Modern Presidents. The Politics of Leadership from Roosevelt to Reagan*, New York u. a.: The Free Press 1999 (S. 29)).

sident sich überlappen oder miteinander konkurrieren.[16] So verleiht die Verfassung dem Kongreß »alle legislative Gewalt«, dem Präsidenten jedoch das Recht des Vetos. Ein Veto des Präsidenten kann der Kongreß nur mit einer Zweidrittelmehrheit beider Häuser überstimmen. Die Legislative hat das Haushaltsbewilligungsrecht und die Kompetenz, den Außenhandel zu regeln. Ihr obliegt es weiterhin, Kriege zu erklären; dem Präsidenten ist die Rolle des Oberbefehlshabers (*Commander in Chief*) zugewiesen. Diese Befugnis wurde ursprünglich als oberste Befehlsgewalt im Falle eines vom Kongreß zu erklärenden Krieges verstanden, dann aber immer mehr in einem weiten Sinne interpretiert. Internationale Verträge, die der Präsident eingeht, bedürfen nach dem Willen der Verfassungsväter der Zustimmung einer Zweidrittelmehrheit im Senat.

Nimmt man nur die direkte Rolle von Repräsentantenhaus und Senat bei der Verabschiedung von Gesetzen und – im Falle des Senats – bei der Ratifizierung internationaler Verträge in den Blick und beschränkt sich allein auf jene Fälle, in denen sich der Kongreß bei Abstimmungen gegen den Willen des Präsidenten durchsetzen konnte, so würde man der Rolle und dem Einfluß des Kongresses bei weitem nicht gerecht.[17] Beispiele für offene Siege über den Präsidenten gibt es nur wenige. Mit seinem Veto besitzt er eine scharfe Waffe. Er mag sie in vielen Fällen nicht einsetzen wollen, sei es, weil ihm die innenpolitische Stimmung entgegenschlägt und diese

16 »A large twilight zone continues to generate both uncertainty and competition.« (Henkin, Louis, »Foreign affairs and the constitution«, in: *Foreign Affairs* 66/2 (1987/1988) (S. 307)). Der Ausdruck »zone of twilight« wurde ursprünglich vom Verfassungsrichter Robert H. Jackson 1952 im Urteil »Youngstown Sheet & Tube Co. v. Sawyer« geprägt.
17 Als Standardwerk zur Rolle des Kongresses vgl. Lindsay, James M., *Congress and the Politics of U. S. Foreign Policy*, Baltimore: The Johns Hopkins University Press 1994.

den Kongreß in der kontroversen Frage begünstigt; sei es, weil ihm ein Gesetz wichtig ist, dem der Kongreß einen strittigen Zusatz (*amendment*) beigefügt hat. Legt der Präsident aber sein Veto ein, dann ist es kaum zu überstimmen: nicht zuletzt, weil ihm viele Anreize und Sanktionen zur Verfügung stehen, schwankende Abgeordnete und Senatoren auf seine Seite zu ziehen und die zur Überstimmung des Vetos notwendige Zweidrittelmehrheit zu verhindern.

Doch der Kongreß nimmt in der Außenpolitik vielfach auch auf indirekte Weise Einfluß. Der Präsident muß in vielen Bereichen die Stimmung auf dem Kapitolshügel in Betracht ziehen, das schränkt seinen Handlungsspielraum ein. Die wahrgenommene Stimmung geht bereits in die Debatte und Auswahl politischer Optionen ein. Wie in jeder strategischen Interaktion fließen auch im Wechselspiel zwischen Präsident und Kongreß die mutmaßlichen Reaktionen der anderen Seite in das eigene Entscheidungskalkül ein. Eine weitere indirekte Form der Einwirkung bietet sich dem Kongreß bei der prozeduralen Gesetzgebung. Auf sie entfällt ein Großteil seiner außenpolitischen Aktivitäten. Zur prozeduralen Gesetzgebung, die vielfach Auswirkungen auch auf den Gehalt der Außenpolitik hat, gehören insbesondere Auflagen, die erfüllt sein müssen, bevor der Präsident bestimmte Dinge tun kann, und Berichtspflichten gegenüber dem Kongreß, denen er nachkommen muß.

Klimapolitik, Abrüstungspolitik, Krisenmanagement im Nahen und Mittleren Osten, der Krieg in Afghanistan und die Politik gegenüber Pakistan – in all diesen Politikfeldern, in denen Obama Wandel eingeleitet hat, spricht der Kongreß mit, sei es über die Bewilligung von Haushaltsmitteln, sei es über die Ratifizierung von Verträgen, sei es, daß er auf dem Wege der (Klima)Gesetzgebung die Grundlagen für das legt, was Präsident Obama als sein außenpolitisches Projekt in Angriff genommen hat: die Rekonstruktion der amerikanischen Führungsrolle.

II.

Neuer Führungsanspruch.
Die außenpolitische Grundorientierung
unter Barack Obama

Nicht nur von ehemaligen Mitarbeitern Präsident Bushs, auch von weniger voreingenommenen Beobachtern war nach den ersten Monaten der Präsidentschaft Barack Obamas die Einschätzung zu hören, die Außenpolitik des neuen Präsidenten habe sich in der Anfangsphase kaum von dem Kurs unterschieden, der unter der späten Bush-Regierung eingeschlagen worden sei. Ein solches Urteil unterschätzt jedoch die Bedeutung deklaratorischer Politik und ihrer kommunikativen Funktion, die operativen Weichen, die ein veränderter Diskurs stellt, die Erwartungen, die damit im Inland und im Ausland entstehen, und die Dynamik, die damit in Gang kommt. Die außenpolitische Grundorientierung, die unter Barack Obama Gestalt angenommen hat, setzt einen neuen diskursiven Rahmen.[1]

In der späten Phase der Bush-Regierung hatten zwar beschränkte außenpolitische Optionen das Zugehen auf andere Staaten erzwungen; aber das ursprüngliche außenpolitische Paradigma eines Hegemonialismus mit geradezu imperialen Implikationen wurde keineswegs durch ein neues abgelöst. Unter Präsident Bush war die Formel vom »Globalen Krieg

---

1 Als frühe, die Entwicklungen bis Frühjahr 2009 aufnehmende Einschätzungen vgl. die Beiträge in: Meier-Walser, Reinhard C. (Hg.), *Die Außenpolitik der USA. Präsident Obamas neuer Kurs und die Zukunft der transatlantischen Beziehungen*, München: Hanns-Seidel-Stiftung 2009.

gegen den Terror« – und zwar in seiner staatszentrierten, gegen »Terrorstaaten« mit Massenvernichtungswaffen gerichteten Form – zur Legitimation für die Durchsetzung eines neuen strategischen Entwurfes geworden: einer strategischen Grundorientierung, die nicht in erster Linie auf die konsensorientierte Kooperation innerhalb multilateraler Institutionen setzte, sondern auf einseitiges Handeln und harte, erzwingende Macht zur Durchsetzung eigener, sehr weit verstandener Sicherheitsinteressen. Zentrale Prinzipien in diesem Paradigma waren: erstens die Bewahrung einer überlegenen Machtposition der USA, insbesondere der für andere Staaten unerreichbaren militärischen Überlegenheit als Garantie für internationale Stabilität; zweitens die strategische Unabhängigkeit, das heißt die Verbindung ausgeprägt unilateraler Tendenzen mit Elementen eines instrumentellen Multilateralismus, der internationale Institutionen dann als nützlich ansieht, wenn sie außenpolitischen Aktionen internationale Legitimität verleihen und die Kosten für die USA verringern helfen; drittens die Ausweitung des Verständnisses legitimer Selbstverteidigung im Sinne eines Rechts auf offensive »präventive Selbstverteidigung«; viertens die Transformation autokratischer Staaten in Richtung Freiheit und Demokratie, und zwar mit der arabischen Welt im Fokus.[2]

Es blieb Barack Obama überlassen, den bleibenden Führungsanspruch der USA konzeptionell neu zu formulieren und zu legitimieren – und das zu einer Zeit, in der die internationalen Bedingungen für die Wahrnehmung der Führungs-

2 Zur Außenpolitik unter Bush vgl. Hils, Jochen / Jürgen Wilzewski (Hg.), *Defekte Demokratie – Crusader State? Die Weltpolitik der USA in der Ära Bush*, Trier: Wissenschaftlicher Verlag Trier, 2006; Rudolf, Peter, *Imperiale Illusionen. Amerikanische Außenpolitik unter Präsident George W. Bush*, Baden-Baden: Nomos 2007.

rolle der USA sich durch Machtverschiebungen im internationalen System geändert haben und die amerikanische Form des Kapitalismus ihre Strahlkraft eingebüßt hat. Aus Sicht Barack Obamas und seiner führenden Mitarbeiter ist amerikanische Führung in der internationalen Politik gegenwärtig dringend erforderlich. Dabei gehen sie von folgendem Befund aus: Die USA bleiben weiterhin das mächtigste Land, aber die Bedrohungen im 21. Jahrhundert sind in ihrer Komplexität und Gefährlichkeit von einem Staat allein nicht zu bewältigen – Bedrohungen, die von Massenvernichtungswaffen und weltweit operierenden Terroristen ausgehen, von schwachen Staaten, extremer Armut, von repressiven Regierungen als Ursachen für Instabilität und nicht zuletzt vom Klimawandel. Die Verflechtung, die Interdependenz amerikanischer Sicherheit und amerikanischen Wohlstandes mit der Sicherheit und dem Wohlergehen in anderen Staaten ist die Prämisse, die der Betonung der Notwendigkeit amerikanischer Führung zugrunde liegt.[3] Diese muß jedoch in einem internationalen System ausgeübt werden, das sich politisch und wirtschaftlich durch den Aufstieg und Bedeutungszuwachs anderer Staaten wie etwa Chinas und Indiens verändert hat. Führung ist nicht mehr in einem alten hegemonialen Sinne zu gestalten, nicht mehr im »Geist eines

3 Auf die Frage eines Journalisten, wie denn die Obama-Doktrin aussehe, nannte Barack Obama einige Prinzipien – und das erste lautete: »that the United States remains the most powerful, wealthiest nation on earth, but we're only one nation, and that the problems that we confront, whether it's drug cartels, climate change, terrorism, you name it, can't be solved just by one country. And I think if you start with that approach, then you are inclined to listen and not just talk.« The White House, Press Conference by the President, Port of Spain, Trinidad and Tobago, 19. April 2009. ⟨http://www.whitehouse.gov/the_press_office/Press-Conference-By-The-President-In-Trinidad-And-Tobago-4/19/2009/⟩ (Stand: August 2009)

Patrons, sondern im Geist eines Partners«.[4] Führung heißt in diesem Verständnis insbesondere auch Führung durch das eigene Beispiel, um so die Wahrnehmung der USA in positivem Sinne zu verändern und das Potential »weicher Macht« zu nutzen. Und Führung bedeutet in diesem Verständnis zuallererst, die notwendige Kooperation bei der Bewältigung internationaler und transnationaler Probleme zu organisieren. Zu diesem Zweck will die Obama-Regierung die Institutionen globalen Regierens stärken, neue Formen der problemorientierten Kooperation entwickeln, die über die zwischenstaatliche Zusammenarbeit hinausgehen, ja eine »Architektur globaler Kooperation« schaffen und aufstrebende Mächte als Verantwortung übernehmende Akteure in diese integrieren.[5]

Es geht Präsident Obama also darum, die internationale Führungsrolle der USA zu erneuern, eine Führungsrolle, die – wenn sie mehr sein soll als ein leerer Anspruch – davon abhängt, ob andere Staaten wieder Vertrauen, wieder Zuver-

4 »Strengthening our common security by investing in our common humanity«, online verfügbar unter: ⟨http://www.barackobama.com/pdf/issues/Fact_Sheet_Foreign_Policy_Democratization_and_Development_FINAL.pdf⟩ (Stand: August 2009). Im intellektuellen Umfeld der Administration – genauer in den Arbeiten von Anne-Marie Slaughter, der Leiterin des Planungsstabes im Außenministerin – wird Führung im Sinne eines liberalen Internationalismus nicht als Vorherrschaft oder Hegemonie verstanden, sondern als »team leadership«, wie sie in globalen Konzernnetzwerken zu finden ist: »a mode of motivating others and working together toward a common purpose that assumes teamwork rather than hierarchy.« Slaughter, Anne-Marie, »Wilsonianism in the twenty-first century«, in: G. Ikenberry, John/Thomas J. Knock/Anne-Marie Slaughter/Tony Smith, *The Crisis of American Foreign Policy. Wilsonianism in the Twenty-first Century*, Princeton/Oxford: Princeton University Press 2009, S. 89-117 (111).
5 Vgl. die programmatische Rede von Außenministerin Hillary Rodham Clinton am 15. Juli 2009 in Washington vor dem Council on Foreign Relations ⟨http://www.cfr.org/publication/19840/⟩ (Stand: August 2009).

sicht in die Führungsrolle der USA fassen.[6] Wie aber kann das gelingen? Doch nur, wenn andere Staaten, wenn die Öffentlichkeiten anderer Staaten wieder zu der Auffassung kommen, die USA nähmen ihre Führungsrolle legitim und kompetent wahr. Die Außenpolitik unter Barack Obama basiert also auf folgender Einschätzung: Amerikas Einfluß auf die internationale Politik verringerte sich in der Bush-Ära, und dies war nicht in erster Linie ein Resultat der Erosion harter Machtressourcen. Diese sind nur ein Faktor, der das Maß amerikanischen Einflusses bedingt, nämlich der Fähigkeit, das Handeln anderer Staaten und Akteure im Sinne amerikanischer Ziele zu bewegen. Die beiden anderen Faktoren sind Legitimität und Kompetenz der amerikanischen Führung – die Wahrnehmung anderer Akteure, daß die USA in ihrer Außenpolitik auch im Interesse anderer Staaten handeln und ihre Politik Ergebnisse zeitigt, von denen auch andere profitieren, sowie die Zuversicht, daß die neue amerikanische Regierung in der Lage ist, die von ihr eingeschlagenen Politiken auch kompetent umzusetzen.[7] Außenpolitik in der Anfangsphase der Präsidentschaft Obamas bestand daher zu einem großen Teil darin, international die Wahrnehmung der USA und ihrer Ziele zu verändern, sie in einem positiven Sinne zu beeinflussen und mit einem solchen Wahrnehmungs-

6 »The nation who asserts it leads, but has no one following, is not leading. We must reassert the confidence that we once had, and the confidence the world once had in us to lead the world.« Biden, Joseph, Rede auf der AIPAC Policy Conference 2009, 5. Mai 2009 (S. 3). ⟨http://www.aipac. org/Publications/SpeechesByPolicymakers/VicePresidentBidenPC09. pdf⟩ (Stand: August 2009).

7 Vgl. Power, Samantha, »Legitimacy and competence«, in: Leffler, Melvyn P./Jeffrey W. Legro (Hg.), *To Lead the World. American Strategy after the Bush Doctrine*, Oxford/New York: Oxford University Press 2008, S. 133–156. Samantha Power war zeitweilig außenpolitische Beraterin im Wahlkampfteam von Obama; nach der Wahl wurde sie Senior Director for Multilateral Affairs im National Security Council.

management den Boden für die Übernahme einer glaubwürdigen Führungsrolle zu bereiten.

Diese *deklaratorische Ebene* des Wandels wird hier in einem ersten Schritt analysiert. Festzustellen ist eine bewußte Abkehr vom hegemonial-imperialen Paradigma der Bush-Regierung und die diskursive Anknüpfung an ein anderes, ebenfalls in der politischen Kultur der USA enthaltenes außenpolitisches Selbstverständnis. Im zweiten Schritt richtet sich der Blick auf die *konzeptionelle Ebene*. Zu beobachten ist die Rückbesinnung auf die Funktionslogik einer im Sinne liberaler Hegemonie verstandenen Führungsrolle. Im dritten Schritt wird der Blick auf die *instrumentelle Ebene* geworfen. Zu erkennen ist das Bemühen, die Gestaltungsmacht der USA um das Instrumentarium »kluger Macht« zu erweitern.

Bruch mit Bush

Vieles in der amerikanischen Außenpolitik besteht aus deklaratorischer Politik, aus Reden, aus Erklärungen, aus Strategiedokumenten. Solche deklaratorische Politik setzt einen Rahmen für operative Politik, für diplomatische Initiativen etwa oder für den Einsatz wirtschaftlicher und militärischer Mittel. Doch deklaratorische Politik hat auch eine eigenständige kommunikative Funktion sowohl gegenüber der amerikanischen Öffentlichkeit als auch gegenüber anderen Staaten und Gesellschaften. Wie kein anderer Präsident vor ihm hat Barack Obama sich im ersten halben Jahr im Amt mit großen Reden im Ausland an die internationale Öffentlichkeit gewandt, um in strittigen Fragen mit der Politik seines Vorgängers zu brechen und mit dieser Form der *public diplomacy* das Bild der USA und die Wahrnehmung amerikanischer Au ßenpolitik zu verändern. In diesen Reden, aber auch in anderen Stellungnahmen kommt ein Maß an selbstkritischer Reflexion und kultureller Empathie zum Ausdruck, wie es für einen amerikanischen Präsident ungewöhnlich ist, wie es vielleicht nur für einen intellektuell offenen Präsidenten möglich ist, der in seinen eigenen Worten »der Sohn eines schwarzen Mannes aus Kenia und einer weißen Frau aus Kansas« ist, mit »Brüdern, Schwestern, Nichten, Neffen, Onkeln und Cousinen jeder Rasse und jedes Farbtons, verstreut über drei Kontinente«.[8]

Für manchen Konservativen in den USA ist dieses Maß an selbstkritischer Rhetorik zuviel; zu selten sei die Rede von der außergewöhnlichen, von der außergewöhnlich segensreichen Rolle der USA für die Welt. Kritiker scheinen zu spüren und zu befürchten, Barack Obama könne die außenpolitische Debatte in den USA nachhaltig verändern. Denn Präsidenten haben eine privilegierte Position, wenn es gilt, der Öffentlichkeit ihre Sicht der amerikanischen Rolle in der internationalen Politik zu vermitteln und sie in Diskursen und Identitäten zu verankern. Präsidenten sind die Hüter der außenpolitischen Ideologie.

Es war daher für einen Präsidenten schon ungewöhnlich, als Barack Obama auf einer Pressekonferenz am Rande des NATO-Gipfeltreffens im April 2009 auf die Frage nach seiner Sicht der besonderen Rolle der USA geradezu ironisch-distanziert antwortete, er sehe eine solche in dem Sinne, wie

8 Zitiert nach von Drehle, David, »The five faces of Barack Obama«, in: *Time* (21. August 2008) (»the son of a black man from Kenya and a white woman from Kansas [with] brothers, sisters, nieces, nephews, uncles and cousins, of every race and every hue, scattered across three continents«). Obama, Barack, »A more perfect union«, Rede in Philadelphia, Pennsylvania, am 18. März 2008, online verfügbar unter: ⟨http://www.nytimes.com/2008/03/18/us/politics/18text-obama.html?_r=2&oref=slogin&pagewanted=print⟩ (Stand: Juli 2009).

auch ein Brite oder ein Grieche seinem Land eine solche Rolle zuweise.[9] Noch am ehesten gilt indes wahrscheinlich für Frankreich, was für die USA fester Bestandteil der außenpolitischen Kultur ist: die politische Überzeugung von einer einzigartigen Aufgabe in der Welt. Die Überzeugung amerikanischer Einzigartigkeit wirkt identitätsstiftend; sie hilft, eine heterogene Gesellschaft zusammenzufügen. In den außenpolitischen Debatten in den USA ging und geht es daher nie nur um die Bestimmung der eigenen Interessen, sondern immer auch um die eigene Identität: Die USA müssen – das ist Grundelement des amerikanischen Exzeptionalismus – eine besondere Rolle in der Welt spielen. Diese ideologische Konstante war im Laufe der amerikanischen Geschichte vereinbar sowohl mit dem Selbstverständnis der USA als leuchtendem Beispiel einer freiheitlich verfaßten Gesellschaft als auch mit dem Selbstverständnis, die treibende Kraft bei der Umgestaltung der Welt zu sein.[10] .

Barack Obama knüpft an jene Ausprägung des amerikanischen Exzeptionalismus an, die vor allem auf die Vorbildfunktion der USA setzt. Doch insgesamt spielt in seinen Reden die Bekräftigung der außergewöhnlichen Aufgabe der USA in der Welt eine geringe Rolle. Er setzt sich deutlich von jenem von Selbstzweifeln freien, geradezu religiösen Sendungsbewußtsein ab, das sein Vorgänger im Amt ausstrahlte.

9 »I believe in American exceptionalism, just as I suspect that the Brits believe in British exceptionalism and the Greeks believe in Greek exceptionalism.« So auf einer Pressekonferenz in Strassburg am 4. April 2009 (http://www.whitehouse.gov/the_press_office/News-Conference-By-President-Obama-4-04-2009/) (Stand: August 2009)
10 Vgl. dazu Rudolf, Peter, »›New grand strategy‹ Zur Entwicklung des außenpolitischen Diskurses in den USA«, in: Medick-Krakau, Monika (Hg.), *Außenpolitischer Wandel in theoretischer und vergleichender Perspektive. Die USA und die Bundesrepublik Deutschland*, Baden-Baden: Nomos 1999, S. 61-95.

George W. Bush sah eine monolithische Bedrohung durch die »Feinde der freien Welt« und blieb überzeugt von der besonderen Verpflichtung der USA, die »Freiheit« zu verbreiten und entstehenden Gefahren frühzeitig entgegenzutreten.

Der Bruch mit dem Vorgänger im Amt zeigt sich unter Barack Obama auf der deklaratorischen Ebene in der Absage an den Kern der »Bush-Doktrin«. Die USA entwickelten sich in der Zeit von Präsident Bush unter dem Einfluß der Anschläge des 11. September 2001 zu einem »revisionistischen Hegemon«, der nicht länger am Status quo in der Welt festhielt, sondern sich der Transformation nichtdemokratischer Staaten und der Doktrin präventiver Kriege verschrieb.[11] Dieser revisionistische Impuls ist in der politischen Kultur der USA verwurzelt; denn laut einer Grundüberzeugung des amerikanischen Liberalismus ist die Sicherheit der USA am besten in einer Welt demokratischer Staaten garantiert. Eine solche Ideologie tendiert dazu, autoritäre Staaten als Bedrohung wahrzunehmen und die Verbreitung der Freiheit auch mit nichtliberalen Mitteln zu fördern.[12]

Es ist eine Absage an diesen revisionistischen Impuls, wenn Barack Obama immer wieder betont, keine Nation könne oder dürfe einer anderen eine bestimmte Regierungsform auferlegen und jede Nation solle auf ihre eigene Art das Prinzip umsetzen, daß Regierungen den Willen ihrer Bevölkerung widerspiegeln sollten.[13] Keineswegs ist dies eine Absage

---

11 Jervis, Robert, »The remaking of the unipolar world«, in: *The Washington Quarterly*, 29/3, 2006, S. 7-19.

12 Vgl. Desch, Michael C., »America's liberal illiberalism. The ideological origins of overreaction in U. S. foreign policy«, in: *International Security*, 32/3, 2007/2008, S. 7-43.

13 »I know there has been controversy about the promotion of democracy in recent years, and much of this controversy is connected to the war in Iraq. So let me be clear: no system of government can or should be imposed upon one nation by any other. That does not lessen my commitment,

an die Überzeugung, daß ihren Bürgern gegenüber rechenschaftspflichtige, rechtsstaatliche Regierungssysteme die Regierungsform darstellen, an deren weltweitem Gedeihen die USA interessiert sind.[14] Insofern steht auch Obama in der Tradition des liberalen Internationalismus, nach dessen Vorstellung eine Welt demokratischer Staaten nicht nur den Wertvorstellungen der Vereinigten Staaten am besten entspräche, sondern zugleich auch ihrem Sicherheitsinteresse.[15] Diese Tradition kommt bei ihm jedoch in einer zurückhaltenden Form zum Ausdruck, die sicherstellt, daß seine Politik nicht doch irgendwann den Vorwurf der Heuchelei auf sich zieht. Unter Bush war die Diskrepanz zwischen der Rede von der

however, to governments that reflect the will of the people. Each nation gives life to this principle in its own way, grounded in the tradition of its own people«, in: Rede von Barack Obama in Kairo am 4. Juni 2009, online verfügbar unter: ⟨http://www.whitehouse.gov/the_press_office/Re marks-by-the-President-at-Cairo-University-6-04-09/⟩ (Stand: August 2009). Und in seiner Rede in Accra in Ghana am 11. Juli 2009 sagte er: »Now, America will not seek to impose any system of government on any other nation. The essential truth of democracy is that each nation determines its own destiny. But what America will do is increase assistance for responsible individuals and responsible institutions, with a focus on supporting good governance«. Online verfügbar unter: ⟨http://www. whitehouse.gov/the_press_office/Remarks-by-the-President-to-the-Ghanaian-Parliament/⟩ (Stand: August 2009).

14 »The arc of history shows that governments which serve their own people survive and thrive; governments which serve only their own power do not. Governments that represent the will of their people are far less likely to descend into failed states, to terrorize their citizens, or to wage war on others. Governments that promote the rule of law, subject their actions to oversight, and allow for independent institutions are more dependable trading partners. And in our own history, democracies have been America's most enduring allies«, Barack Obama in seiner Rede in Moskau am 7. Juli 2009, online verfügbar unter: ⟨http://www.white house.gov/the_press_office/Remarks-By-The-President-At-The-New-Economic-School-Graduation/⟩ (Stand: August 2009).

15 Vgl. Smith, Tony, *America's Mission. The United States and the Worldwide Struggle for Democracy in the Twentieth Century*, Princeton: Princeton University Press, 1994.

»Beendigung der Tyrannei auf der Welt« und der faktischen Unterstützung etlicher autokratischer Regime unübersehbar.[16]

Obamas Bruch mit der kreuzzüglerischen offensiven Tradition des amerikanischen Exzeptionalismus, wie sie unter George W. Bush kulminierte, scheint mehr als nur politisches Kalkül zu sein. Barack Obama mag in der Tat von der Lektüre der Werke des protestantischen Theologen Reinhold Niebuhr geprägt worden sein, dessen Namen er nannte, als er nach seinem »Lieblingsphilosophen« gefragt wurde. Für Niebuhr war die in den USA so tief verwurzelte Sicht der besonderen, in Gottes Vorsehung wurzelnden welthistorischen Rolle des Landes eine überaus problematische, ja gefährliche: Überzeugt von der Reinheit der eigenen Motive und der Rechtmäßigkeit des Handelns, die Eigeninteressen moralisch überhöhend und immunisiert gegen eine kritische Überprüfung des eigenen Tuns konnten, wie Niebuhr in dem 1952 erschienenen Buch *The Irony of American History* seinen Landsleuten vor Augen führte, die Folgen des Handelns schlechte sein und die USA gar die schlimmsten Züge der Gegner annehmen. Zentral für das Denken Niebuhrs war die christliche Lehre von der Ursünde, die nicht überwindbare Verstrickung

16 Zwar war die wohltönende Rhetorik im Nahen und Mittleren Osten zeitweise von einem gewissen Druck auf autokratische Staaten begleitet; doch in jenen beiden Fällen, in denen es über Wahlen zu Machtverschiebungen kam, sah das die Bush-Regierung keinesfalls im amerikanischen Interesse liegend an: Auf den Wahlsieg der Hamas in Palästina antwortete sie mit Sanktionen, nach dem begrenzten Erfolg der Muslimbruderschaft bei den Parlamentswahlen in Ägypten ließ der Reformdruck auf das Mubarak-Regime nach. Vgl. Ottaway, Marina, *Democracy Promotion in the Middle East. Restoring Credibility*, Washington: Carnegie Endowment for International Peace, Policy Brief 60, Mai 2008; Carothers, Thomas, *Democracy Promotion Under Obama. Finding a Way Forward*, Washington: Carnegie Endowment for International Peace, Februar 2009, Policy Brief 77.

in Schuld und die moralische Gebrochenheit menschlichen Handelns. Danach gefragt, was er aus der Lektüre Niebuhrs mitgenommen habe, nannte Barack Obama die Überzeugung von der Existenz »des Bösen« (*serious evil*) in der Welt und der begrenzten Fähigkeit, dieses zu beseitigen. Das dürfe jedoch keine Entschuldigung für »Zynismus und Nichtstun« sein, vielmehr müsse man handeln, ohne von einem »naiven Idealismus« in einen »bitteren Realismus« zu verfallen.[17] Von Barack Obama sind daher die manichäischen Töne nicht zu vernehmen, die in der Rhetorik George W. Bushs anklangen: die geradezu metaphysische Sicht des Terrorismus, die Stilisierung des »Globalen Krieges gegen den Terror« als eines Konfliktes zwischen *good and evil*, als eines bis zum völligen Sieg über das Übel zu führenden Krieges.[18] Vielmehr erinnerte Barack Obama bei seinem Besuch im Konzentrationslager Buchenwald im Juni 2009 auch daran, daß die Täter, die Verursacher des Bösen dort, Menschen waren, und er fügte die Mahnung an, »gegen die Grausamkeit in uns Vorbeugung zu treffen«.[19]

Zu dem von Barack Obama eingeleiten diskursiven Wan-

---

17 Vgl. Julian, Liam, »Niebuhr and Obama«, in: *Policy Review* (April/Mai 2009).

18 »We are in a conflict between good and evil, and America will call evil by its name. By confronting evil and lawless regimes, we do not create a problem, we reveal a problem. And we will lead the world in opposing it.« Präsident Bush in seiner Rede in West Point am 1. Juni 2002, online verfügbar unter: ⟨http://www.nti.org/e_research/official_docs/pres/bush_wp_prestrike.pdf⟩ (Stand: August 2009).

19 »And just as we identify with the victims, it's also important for us I think to remember that the perpetrators of such evil were human, as well, and that we have to guard against cruelty in ourselves.« Statement von Barack Obama, Angela Merkel und Elie Wiesel in der Gedenkstätte Buchenwald 5. Juni 2009, online verfügbar unter: ⟨http://www.whitehouse.gov/the_press_office/Remarks-by-President-Obama-German-Chancellor-Merkel-and-Elie-Wiesel-at-Buchenwald-Concentration-Camp-6-5-09/⟩ (Stand: August 2009).

del gehört in allererster Linie die Abkehr vom »Globalen Krieg gegen den Terror«, jenem Deutungsrahmen, der in Reaktion auf die Anschläge des 11. September 2001 unter Präsident Bush Gestalt gewonnen und zu jenen Exzessen beigetragen hatte, die die moralische Autorität der USA untergruben.[20] Die USA – das war die Sicht der Bush-Regierung – befinden sich in einem voraussichtlich lange währenden »Krieg« nicht nur gegen terroristische Organisationen, sondern auch gegen jene »Terrorstaaten«, welche die Sicherheit der USA und ihrer Verbündeten mit Massenvernichtungswaffen bedrohen könnten. Wollten sich die USA jemals wieder sicher fühlen können, so hatte Bush im November 2001 konstatiert, dann sei die Bedrohung durch Terroristen und Staaten, die sie unterstützen, in toto zu beseitigen. Der »Globale Krieg gegen den Terror« vermengte unterschiedliche Bedrohungen und Risiken zu einer »monolithischen Bedrohung«. Strategisch kommt in der Abkehr vom »Global War on Terror« die Einsicht zum Ausdruck, wie problematisch es war, unterschiedliche Gruppen und Organisationen mit unterschiedlichen Zielen in einen Topf zu werfen.[21] Doch die Abkehr vom Konstrukt des »Globalen Krieges gegen den Terror« bereits in den ersten Amtstagen Obamas hat mehr als nur strategische Bedeutung; sie enthält auch eine Absage an die imperialen Machtanmaßungen von Präsident Bush in diesem »Krieg gegen den Terror« und das Versprechen, die moralische Autorität der USA und damit eine Quelle »weicher Macht« wiederherzustellen. Sicherheit auf Kosten der amerikanischen Ideale – das wies Barack Obama in seiner

20 Vgl. hierzu Rudolf, *Imperiale Illusionen*, S. 14-21.
21 Das Verteidigungsministerium spricht nicht mehr vom GWOT (Global War on Terror), sondern von »overseas contingency operations«. Vgl. Wilson, Scott/Al Karmen, »Global war on terror is given new name«, in: *The Washington Post* (25. März 2009).

Rede zum Amtsantritt als falsche Wahl zurück.[22] Im »Krieg gegen den Terror« seien die USA vom Kurs abgekommen und hätten die Werte untergraben, die die USA als Nation stark gemacht hätten.[23]

Doch die Abwägung zwischen Sicherheit und liberalen Werten fällt bei näherem Hinsehen keineswegs so eindeutig zugunsten der liberalen Werte aus, wie viele erhofft und manche, namentlich der ausscheidende Vizepräsident Cheney, befürchtet hatten. Dieser glaubte daran erinnern zu müssen, nationale Sicherheit sei »eine harte, gemeine, schmutzige, eklige Angelegenheit«.[24] Zwar hat die Obama-Regierung mit dem »Krieg gegen den Terror« als organisierendem Rahmen gebrochen, doch sie sieht die Bekämpfung von al-Qaida keineswegs als polizeiliche und strafrechtliche Angelegenheit an. Die USA – daran hat Barack Obama keinen Zweifel gelassen – befinden sich weiterhin im Krieg gegen al-Qaida und gegen Gruppen, die diesem Netzwerk nahestehen.

Ohne einen solchen Kriegszustand wären einige der kontroversen Praktiken, von denen auch die Obama-Regierung nicht Abstand nehmen will, rechtlich nicht zu begründen. Sie will Guantánamo zwar schließen, aber das heißt nicht, daß die Gefangenen entweder freigelassen werden oder vor

22 »As for our common defense, we reject as false the choice between our safety and our ideals. Our founding fathers – (applause) – our founding fathers, faced with perils that we can scarcely imagine, drafted a charter to assure the rule of law and the rights of man – a charter expanded by the blood of generations. Those ideals still light the world, and we will not give them up for expedience sake.« ⟨http://www.whitehouse.gov/the_ press_office/president_barack_obamas_inaugural_address/⟩ (Stand: August 2009)
23 Vgl. Barack Obamas Rede zur nationalen Sicherheit vom 21. Mai 2009 ⟨http://www.whitehouse.gov/the_press_office/Remarks-by-the-Presi dent-On-National-Security-5-21-09/⟩ (Stand: August 2009).
24 Zitat in Lake, Eli, »Small change«, in: *The New Republic* (4. März 2009). (»a tough, mean dirty, nasty business«).

ein ziviles Gericht kommen.[25] Vorgesehen sind Verfahren vor Militärkommissionen, die nicht die hohen Standards amerikanischer Bundesgerichte haben; vorgesehen ist auch die dauerhafte präventive Internierung jener, die man aus Sicherheitsgründen nicht freilassen will, aber denen man nicht den Prozeß machen kann, weil die gerichtsverwertbaren Beweise nicht ausreichen. Auch die Obama-Regierung beansprucht das Recht, Terrorismusverdächtige ohne Anklage oder Verfahren auf unbestimmte Zeit zu internieren. Verschoben hat sich allerdings die rechtliche Begründung gegenüber der Argumentation von Präsident Bush. Dieser hatte als *Commander in Chief* das Recht beansprucht, feindliche Kämpfer zu internieren; in diese Kategorie fiel jeder, der zu den Taliban, al-Qaida und mit ihnen verbündeten Kräften gehörte oder diese unterstützte. Die Obama-Regierung bezieht sich dagegen auf das Kriegsvölkerrecht, um den Anspruch geltend zu machen, auch jene internieren zu können, die die gerade genannten Gruppierungen »substantiell« unterstützen. In der praktischen Konsequenz sind die Unterschiede in der Begründung des rechtlichen Anspruchs minimal.[26]

Foltermethoden sind zwar nicht mehr gestattet; nur Verhörpraktiken, die im Army Field Manual enthalten sind und im Rahmen der Genfer Konventionen liegen, sind erlaubt. Doch Leon Panetta, damals noch designierter CIA-Direktor, schloß in seiner Nominierungsanhörung auch die Anwen-

---

25 Guantánamo ist nicht die einzige Einrichtung, in der feindliche Kämpfer festgehalten werden. In Bagram in Afghanistan sind es etwa 600. Anders stellt sich das Problem der 15000 im Irak Internierten dar. Diese Personen, die unter den Schutz der Genfer Konventionen fallen, werden, wie es das amerikanisch-irakische Sicherheitsabkommen vorsieht, sukzessive freigelassen. Vgl. Schmitt, Eric, »Two prisons, similar issues for president«, in: *The New York Times* (27. Januar 2009).

26 Vgl. Feldman, Noah, »A prison of words«, in: *The New York Times* (19. März 2009).

dung verschärfter Verhörmethoden für bestimmte Gefangene nicht aus. Geheimgefängnisse der CIA soll es zwar nicht länger geben, doch gibt es eine Ausnahmeregelung für Anlagen, in denen Gefangene übergangsweise festgehalten werden. Die sogenannte *rendition*, die Überstellung von Gefangenen an Länder wie Jordanien und Ägypten, gehört auch nicht gänzlich der Vergangenheit an. Mit dieser Praxis hatten die USA bereits Mitte der neunziger Jahre unter Präsident Clinton begonnen. Die Überstellung an Länder mit zweifelhaften Verhörmethoden war auch schon früher verbunden worden mit der Zusicherung dieser Staaten, die Gefangenen human zu behandeln. Unter Obama will Washington offenbar auf die Einhaltung solcher Zusicherungen achten. Wie bereits die Bush-Regierung so hat auch die Obama-Regierung amerikanische Gerichte dazu aufgefordert, Klagen wegen Überstellung und Folter abzuweisen – und zwar mit Hinweis auf Staatsgeheimnisse, die in diesen Verfahren angeblich preisgegeben würden.[27] Im Falle der in Afghanistan Internierten setzt Obama die bisherige Linie fort: Sie erhalten nicht das Recht, vor amerikanischen Gerichten gegen ihre Internierung zu klagen, da es sich um Personen handelt, die im Zuge von Militäroperationen außerhalb der USA gefangengenommen wurden.[28]

Die beabsichtigte Schließung Guantánamos und die erfolgte Schließung der geheimen Gefängnisse der CIA haben einen menschenrechtlichen Preis: Die USA nehmen Terrorismusverdächtige nicht mehr selbst fest, zumindest nicht au-

---

27 Vgl. Starks, Tom, »Intelligence policy. New perspective or familiar approach?«, in: *Congressional Quarterly Today* (16. Februar 2009); Savage, Charlie, »Obama's war on terror may resemble Bush's in some areas«, in: *The New York Times* (19. Februar 2009).

28 Vgl. Savage, Charlie, »Obama upholds detainee policy in Afghanistan«, in: *The New York Times* (22. Februar 2009).

ßerhalb Iraks und Afghanistans, sondern überlassen dies den Sicherheitskräften befreundeter Staaten, insbesondere jener im Nahen und Mittleren Osten. Verdächtige gelangen so gar nicht mehr in direkten amerikanischen Gewahrsam; es sei denn, es handelt sich um Führungspersonen. Diese Entwicklung hat schon in den beiden letzten Jahren der Amtszeit Bushs begonnen, unter Barack Obama setzt sie sich fort. Es ist allerdings kaum anzunehmen, daß die menschenrechtlichen Standards in den Gefängnissen befreundeter Staaten höher sind als in Guantánamo und anderen amerikanischen Internierungseinrichtungen.[29] Auch »gezielte Tötungen« gibt es weiterhin, ja im Falle Afghanistans und Pakistans setzt Barack Obama dieses Instrument vermehrt ein.

Abgesehen von dem symbolkräftigen Vorhaben der Schließung Guantánamos sind die Unterschiede zwischen der Anti-Terrorpolitik am Ende der Ära Bush und der Politik unter Obama in der Substanz so groß nicht.[30] Die rhetorische Verpackung ist unter Obama gewiß eine andere; dazu gehört auch das Bestreben, Entscheidungen über die unbestimmte Internierung Terrorismusverdächtiger prinzipienorientierten Verfahren zu unterwerfen. Aber nirgendwo zeigt sich deutlicher, wie sehr Barack Obama unter Bedingungen agieren muß, die ihm vorgegeben sind, unter Bedingungen, die sein Handeln in einem Maße beschränken, daß mehr Kontinuität als Wandel, mehr »altes« als »neues« Amerika die Folge ist. Wenn die Republikaner im Kongreß im unseligen Zusammenspiel mit den um ihre Wähler fürchtenden Demokraten am Ende erfolgreich die Überstellung von Häftlin-

29 Vgl. Schmitt, Eric/Mark Mazetti, »U. S. relies more on aid of allies in terror cases«, in: *The New York Times* (24. Mai 2009).
30 Vgl. Goldsmith, Jack, »The Cheney fallacy«, in: *The New Republic* (18. Mai 2009).

gen in die USA blockieren und somit die Schließung von Guantánamo verhindern sollten,[31] dann bliebe vom verheißenen Neuanfang bei der Wiederherstellung der moralischen Autorität Amerikas zumindest in der Anti-Terrorpolitik kaum mehr als Rhetorik.

Rückbesinnung auf die Logik liberaler Hegemonie

In der außenpolitischen Programmatik Barack Obamas zeigt sich eine klare Präferenz für eine liberal-multilaterale Konzeption der internationalen Führungsrolle der USA. Im Grunde geht es darum, unter veränderten Bedingungen die dem Entwurf amerikanischer Weltpolitik nach 1945 zugrundeliegende Rolle als Führungsmacht im Sinne eines liberalen oder »wohlwollenden Hegemons« zu rekonstruieren, der in seiner Außenpolitik die Interessen anderer Staaten in die Bestimmung der eigenen Interessen aufnimmt und als internationale Ordnungsmacht handelt. Diese Rolle eines liberalen Hegemons ruht auf drei Funktionsvoraussetzungen:[32] *Erstens* sind dies die Präferenz für multilaterale Mechanismen – da-

---

31 Vgl. Thimm, Johannes, *Gefangenendilemma. Zur amerikanischen Diskussion um die Aufnahme von Häftlingen aus Guantánamo*, Berlin: Stiftung Wissenschaft und Politik, Juli 2009, SWP-Aktuell.

32 Zur Logik liberaler Hegemonie vgl. Ikenberry, G. John, *After Victory. Institutions, Strategic Restraint, and the Rebuilding of Order after Major Wars*, Princeton/Oxford: Princeton University Press, 2001; ders., »Getting hegemony right«, in: *The National Interest*, (2001) 63, S. 17-24; Wohlforth, William C., »The stability of a unipolar world«, in: *International Security*, 24/1 (Sommer 1999), S. 5-41; Cronin, Bruce, »The paradox of hegemony. America's ambiguous relationship with the United Nations«, in: *European Journal of International Relations*, 7/1, 2001, S. 103-130; Rapkin, David P./Dan Braaten, »Conceptualising hegemonic legitimacy«, in: *Review of International Studies*, 35, 2009, S. 113-149.

mit andere Staaten eine Chance haben, ihre Interessen und Perspektiven zur Geltung zu bringen – und die Bereitschaft, sich selbst den für alle geltenden Regeln multilateraler Institutionen zu unterwerfen und gestaltend solche Institutionen aufzubauen und weiterzuentwickeln. *Zweitens* ist dies die Bereitstellung von ordnungspolitischen Leistungen, von denen auch andere Staaten profitieren; denn darauf beruhen in der Substanz der Führungsanspruch und die Erwartung, daß andere Staaten diesen Anspruch akzeptieren. Zum Führungsanspruch gehört zudem die Bereitschaft, um der internationalen Ordnung willen auch dann (militärisch) zu intervenieren, wenn grundlegende nationale Interessen nicht unmittelbar berührt sind. *Drittens* ist dies die Bewahrung kooperativer Beziehungen zu anderen großen Mächten, deren Interessen zu berücksichtigen sind, damit sie möglichst wenig Anreize haben, die von den USA geführte internationale Ordnung herauszufordern, das Machtgleichgewicht zu verändern oder eine ordnungspolitische Zusammenarbeit zu verweigern.

1.) *Präferenz für Multilateralismus:* Vor dem Hintergrund langfristiger Machtverschiebungen im internationalen System und neuer globaler Probleme stehen die USA als Führungsmacht seit einiger Zeit vor der Herausforderung, die weithin von ihnen geschaffenen multilateralen Strukturen einer gewandelten internationalen Umwelt anzupassen, um so die eigene Führungsrolle zu bewahren. Die amerikanische Außenpolitik nach dem Zweiten Weltkrieg war von der Vorstellung einer multilateralen Ordnung geleitet. Folglich betrieben die USA den Aufbau von Institutionen, deren Regeln für alle gelten sollten. Durch die Bereitschaft zur Zusammenarbeit in internationalen Organisationen unterschied sich die amerikanische Hegemonie von allen sonstigen Formen hegemonialer

Machtausübung.[33] Beim Multilateralismus nach 1945 handelte es sich um die kalkulierte Politik einer Führungsmacht, die aus Interesse an einer multilateralen Ordnung ihrem unilateralen Handeln Schranken setzte und anderen Staaten die Chance gab, ihre Interessen ebenfalls zur Geltung zu bringen. Es war der Multilateralismus einer im westlichen System eindeutig vorherrschenden Macht, der den USA weiten Handlungsspielraum ließ und ihnen über die Entscheidungsverfahren der bevorzugten Institutionen – sei es über das Vetorecht, sei es über die Stimmengewichtung – einen bestimmenden Einfluß sicherte.

Amerikanischer Multilateralismus ist traditionell eher instrumenteller Art: Die Mitwirkung in internationalen Institutionen dient der Durchsetzung eigener Interessen, die Einbindung in Institutionen soll aber nicht zu einem Souveränitätsverlust führen, nicht zuletzt, weil dies für den US-Kongreß nicht akzeptabel wäre. Die Spannung zwischen der demokratischen Kontrolle der Außenpolitik und den Souveränitätseinbußen in internationalen Institutionen wird in den USA sehr viel stärker wahrgenommen als in Deutschland. Insofern ist die ambivalente Haltung der USA gegenüber internationalen Institutionen – nämlich sie einerseits für eigene Interessen zu nutzen, ihnen aber andererseits möglichst geringe oder keine Beschränkungen der eigenen nationalen Souveränität zuzugestehen – eine Konstante amerikanischer Außenpolitik.[34]

Das Maß der Bereitschaft zur Nutzung von Institutionen und zur Berücksichtigung der Positionen anderer Staaten

33 Vgl. Ruggie, John Gerard, *Winning the Peace. America and World Order in the New Era*, New York: Columbia University Press 1996, S. 20-27.
34 Vgl. Patrick, Stewart/Shepard Forman (Hg.), *Multilateralism and U. S. Foreign Policy. Ambivalent Engagement*, Boulder, Colorado/London: Lynne Rienner Publishers 2002.

hängt jedoch von der außenpolitischen Orientierung eines Präsidenten ab. Die Betonung strategischer Unabhängigkeit als außenpolitischer Maxime unter George W. Bush bedeutete die weitgehende Absage an die institutionelle Einbindung und damit Selbsteinschränkung amerikanischer Macht. Barack Obama indes will die bestehenden Institutionen des globalen Regierens beleben, aber auch neue Institutionen schaffen, um sie für die Integration aufsteigender Mächte zu nutzen. So betont er die Notwendigkeit, Staaten wie Indien, Brasilien, Nigeria und Südafrika »eine Rolle bei der Aufrechterhaltung der internationalen Ordnung« zu geben.[35]

Innerhalb der Vereinten Nationen (VN) sollen nach Obamas Ansicht die USA eine Führungsrolle übernehmen, auch bei der Durchsetzung von Reformen. Um diese Funktion wahrnehmen zu können, müßten die USA ihren finanziellen Verpflichtungen gegenüber den VN nachkommen. Ein solches Lob für die VN wie aus dem Mund der amerikanischen VN-Botschafterin Susan Rice war von offizieller amerikanischer Seite seit langem nicht mehr zu hören gewesen: »Präsident Obamas Sicht ist eindeutig, daß unsere Sicherheit und unser Wohlstand am besten durch die Zusammenarbeit und die Partnerschaft mit anderen Nationen vorangebracht werden können. Und es gibt kein wichtigeres Forum für diese effektive Zusammenarbeit als die Vereinten Nationen.«[36]

Dieser positiven Bewertung der VN entsprechend hat sich

---

35 Obama, Barack, »Renewing American leadership«, in: *Foreign Affairs*, 86/4 (Juli/August 2007), S. 2-16.

36 »President Obama's view is clear, that our security and well-being can best be advanced in cooperation and in partnership with other nations. And there is no more important forum for that effective cooperation than the United Nations.« Zitiert in: McKeeby, David, *American Envoy Pledges Renewed Commitment to United Nations*, Zitat vom 26. Januar 2009 〈http://www.america.gov/st/peacesec-english/2009/January/20090126 163520idybeekcmo.4147913.html〉 (Stand: August 2009).

Barack Obama nicht jene Idee zu eigen gemacht, die einige republikanische und demokratische Vordenker, Neokonservative und Liberale, gemeinsam propagiert hatten: die Gründung einer *League of Democracies* oder eines *Concert of Democracies*.[37] Eine solche Organisation soll nach Vorstellung ihrer Befürworter die Kooperation zwischen liberalen Demokratien stärken und einen institutionellen Rahmen für die Zusammenarbeit bei der Bewältigung gemeinsamer globaler Herausforderungen bereitstellen. Insbesondere gilt dies für »harte« sicherheitspolitische Probleme, bei denen die Vereinten Nationen diese Rolle aufgrund der Entscheidungsverfahren im VN-Sicherheitsrat nicht oder nur unzureichend ausüben können. So unterschiedlich die Vorschläge in ihrer Reichweite auch sind, so laufen sie doch auf den Abschied von einem auf die Vereinten Nationen fokussierten globalen Multilateralismus und den Aufbau eines konkurrierenden Legitimationssystems für den Einsatz militärischer Macht hinaus.

Die stärkere Bereitschaft, Institutionen des VN-Systems zu nutzen, zeigt sich an der Abkehr von der Bush-Linie gegenüber dem VN-Menschenrechtsrat: Unter Bush hatten sich die USA diesem Gremium, in dem einige Staaten sitzen, die massiv die Menschenrechte verletzen, ferngehalten, um ihm keine Legitimität zu verleihen. Die Regierung Obama will die Politik des Menschenrechtsrats durch aktive Teilnah-

---

37 Ikenberry, G. John; Slaughter, Anne-Marie (Co-Directors), *Forging A World Of Liberty Under Law. U. S. National Security In The 21st Century. Final Report of the Princeton Project on National Security*, Princeton University: The Woodrow Wilson School of Public and International Affairs, 27. September 2006, S. 25 f.; Daalder, Ivo/James Lindsay, »Democracies of the world, unite«, in: *The American Interest*, 3/3 (Januar/Februar 2007), S. 5-19; Daalder, Ivo/Robert Kagan, *America and the Use of Force. Sources of Legitimacy*, Muscatine, Iowa: The Stanley Foundation, Juni 2007.

me verändern.[38] Zum Internationalen Strafgerichtshof nimmt Obama dagegen eine vorsichtig-zurückhaltende Position ein. Die Aktivitäten des noch jungen Gerichts seien erst noch weiter zu beobachten. Es sei verfrüht, hieß es im Wahlkampf, sich zur Unterzeichnung des Statuts von Rom zu verpflichten (zur Erinnerung: Präsident Clinton hatte kurz vor Amtsende seine Unterschrift unter das Vertragswerk gesetzt, Präsident Bush hatte sie zurückgenommen). In dieser Position Obamas, an der sich offenbar auch im Laufe der ersten Monate im Amt nichts änderte, spiegelt sich die Rücksichtnahme auf Bedenken des amerikanischen Militärs. Das Pentagon hatte im Laufe der Vertragsverhandlungen immer wieder die Sorge geäußert, amerikanische Soldaten könnten in Zukunft der strafrechtlichen Verfolgung durch den Internationalen Strafgerichtshof ausgesetzt sein. Dies wäre aufgrund der Tatbestände, für die der Gerichtshof zuständig ist, und seiner gegenüber der nationalen Verfolgung von Straftaten komplementären Jurisdiktion ein unwahrscheinlicher, aber sicher nicht auszuschließender Fall. Aufgrund dieser Sorgen hätte eine Ratifizierung durch den Senat ohnehin keine Aussicht auf Erfolg.[39]

Aus amerikanischer Sicht gilt Multilateralismus traditionell als Mittel effektiven globalen Regierens, aber auch als Weg, Kosten auf andere Staaten abzuwälzen.[40] Auch das zeigt sich deutlich in der Programmatik Barack Obamas.

38 Vgl. LaFranchi, Howard, »Reversing Bush policy, US seeks seat on UN human rights council«, in: *The Christian Science Monitor* (1. April 2009).
39 Vgl. Bartram S. Brown, »Unilateralism, multilateralism, and the international criminal court«, in: Stewart/Forman, *Multilateralism and U. S. Foreign Policy*, S. 323-344.
40 Vgl. Drezner, Daniel W., »The future of US foreign policy«, in: *Internationale Politik und Sicherheit*, 1/2008, S. 11-35 (bes. S. 35).

Die Einbindung anderer Staaten in multilaterale Institutionen dient unter anderem dazu, einen Teil der mit der amerikanischen Führungsrolle verbundenen Kosten auf sie zu verlagern. Eine stärkere multilaterale Orientierung bedeutet auch eine stärkere Inpflichtnahme der Verbündeten.[41] Die Partnerschaft mit Europa – eine Partnerschaft im Dienste eines sichereren Amerikas – findet in den programmatischen Äußerungen Obamas klare Betonung. Die Verbündeten sollen mit Respekt behandelt, gleichzeitig soll jedoch mehr von ihnen gefordert werden.

2.) *Ordnungspolitische Leistungen:* Der internationale Führungsanspruch der USA legitimiert sich in der Substanz über die Fähigkeit, eine entscheidende Rolle bei der Bereitstellung sogenannter öffentlicher oder kollektiver Güter zu spielen, von deren Nutzen auch andere Staaten profitieren, sei es auf internationaler, sei es auf regionaler Ebene. Ordnung, Frieden oder Stabilität im internationalen System sind solche Güter; auch internationale Institutionen fallen als intermediäre Güter darunter, sofern sie dazu beitragen, finale öffentliche Güter bereitzustellen.[42] Nach der Logik des kollektiven Handelns bedarf es eines Staates, der Anreize zur Übernahme einer Führungsrolle sieht, weil er im Vergleich zu anderen Staaten größeren Nutzen aus öffentlichen Gütern

41 Obama, Barack, »A new strategy for a new world«, Washington, 15. Juli 2008, online verfügbar unter: ⟨http://www.realclearpolitics.com/articles/2008/07/a_new_strategy_for_a_new_world.html⟩ (Stand: Juli 2009).
42 Globale öffentliche Güter sind Güter, deren Nutzung gemeinsam möglich und nichtexklusiv ist und deren Nutzen – und da kommt die Qualifikation global ins Spiel – universal ist im Hinblick auf Länder (ansonsten würde er sich um ein »regional public good« handeln), Bevölkerungen und Generationen. Vgl. Kaul, Inge/Isabelle Grunberg/Marc A. Stern, »Definining global public Goods«, in: Dies. (Hg.), *Global Public Goods. International Cooperation in the 21st Century*, New York/Oxford: Oxford University Press 1999, S. 2-19.

ziehen zu können glaubt.[43] Eine solche Führungsrolle bei der Organisation internationaler Kooperation kann unterschiedliche Formen annehmen. Es kann sich um *strukturelle Führung* handeln, nämlich um die Nutzung materieller Machtressourcen (das heißt insbesondere militärischer und wirtschaftlicher) als Hebel in zwischenstaatlichen Interaktionsprozessen. *Unternehmerische Führung* ist es, wenn ein Staat die internationale politische Agenda generiert und strukturiert, wenn er innovative Lösungen präsentiert und zwischen unterschiedlichen Interessen vermittelt. Führung kann schließlich auch die Gestalt *intellektueller* Führung annehmen: über die Entwicklung neuer Ideen und Konzepte.[44]

Barack Obama stellte während des Wahlkampfes seine Vorstellungen in die Tradition einer internationalen Führungsrolle, die im Dienste des *global good* steht.[45] War unter Präsident Bush der Führungsanspruch der USA stark auf den »Globalen Krieg gegen den Terror« fokussiert und damit reduziert,[46] so verhieß Barack Obama die Überwindung einer bedrohungsgeleiteten Konzeption. Rhetorisch knüpfte er als Präsidentschaftskandidat an Franklin D. Roosevelt und die Ursprünge des Weltordnungsentwurfs an, der der Führungs-

---

43 Vgl. Nye, Joseph S. Jr., »Recovering american leadership«, in: *Survival* 50/1, 2008, S. 55-68.

44 Diese Unterscheidung ist übernommen von Young, Orean R., »Political leadership and regime formation. On the development of institutions in international society«, in: *International Organization* 45/2, 1991, S. 281-308.

45 Obama, Barack, *A New Strategy for a New World*, Washington, 15. Juli 2008.

46 Robert Kagan hat die Fehlwahrnehmung der Bush-Administration prägnant benannt. Diese glaubte, mit dem »Globalen Krieg gegen den Terror« eine Führungsrolle im Sinne der Bereitstellung eines globalen kollektiven Gutes zu leisten. Doch weithin wurde dies so eben nicht gesehen. Vgl. Kagan, Robert, »The september 12 paradigm. America, the world, and George W. Bush«, in: *Foreign Affairs* (September/Oktober 2008).

rolle nach 1945 zugrunde lag, bevor im Kalten Krieg dann die Eindämmung des Kommunismus ihn wenn nicht ersetzte, so doch überlagerte: »Unser weltweites Engagement kann nicht nur durch das bestimmt sein, wogegen wir sind; es muß geleitet sein von einem klaren Verständnis dessen, wofür wir stehen. Wir haben ein beträchtliches Interesse sicherzustellen, daß jene, die heute in Furcht und Not leben, morgen in Würde und mit Chancen leben können.«[47] Mit dieser Wortwahl, mit dem Bezug auf die *freedom from fear* und *freedom from want* nahm Barack Obama Bezug auf die *four freedoms*, die Präsident Roosevelt in seiner Rede vor dem Kongreß am 6. Januar 1941 zur Grundlage einer künftigen Weltordnung erklärte.

Diesem Anspruch, im Sinne weltweiten Gemeinwohls handeln zu wollen, entspricht es auch, wenn Barack Obama zumindest als Präsidentschaftskandidat den Einsatz militärischer Macht nicht auf den Schutz der amerikanischen Bevölkerung und vitaler Interessen in Fällen eines tatsächlichen oder unmittelbar bevorstehenden Angriffs beschränkt sehen wollte. Über die Selbstverteidigung hinaus wird – so hieß es – der Einsatz militärischer Gewalt auch im Dienste der »gemeinsamen Sicherheit« erwogen, die der globalen Stabilität zugrunde liege, und auch im Falle humanitärer Katastrophen.[48] Als Maxime für den Einsatz der Streitkräfte jen-

47 »To renew American leadership in the world, I will strengthen our common security by investing in our common humanity. Our global engagement cannot be defined by what we are against; it must be guided by a clear sense of what we stand for. We have a significant stake in ensuring that those who live in fear and want today can live with dignity and opportunity tomorrow.« Obama, Barack, »Renewing American leadership«, in: *Foreign Affairs* (Juli/August 2007).
48 In eine der wenigen Äußerungen zur Interventionsproblematik setzte Präsident Obama die Schwelle für eine »humanitäre Intervention« sehr hoch: »There are going to be exceptional circumstances in which I think

seits der Selbstverteidigung wurde für die Präsidentschaft Obamas in Aussicht gestellt, in den genannten Fällen alle Anstrengungen zu unternehmen, die Unterstützung und Teilnahme anderer Staaten zu gewinnen. Eine wirkliche Interventionsdoktrin ergibt dies noch nicht, aber die rudimentären programmatischen Äußerungen reflektieren die Funktionslogik liberaler Hegemonie. Die zwei offenkundigen Testfälle für die Legitimität des Führungsanspruchs sind vor allem die Klimapolitik und die nukleare Abrüstungs- und Nichtverbreitungspolitik. In diesen zwei Fällen hat Barack Obama geradezu visionären Wandel versprochen. Die Politik in diesen beiden Bereichen verdient eine ausführlichere Analyse in einem eigenen Kapitel.

3.) *Kooperative Großmachtbeziehungen*: Sollen internationale Institutionen, gerade auch die Vereinten Nationen, für die Umsetzung des amerikanischen Führungsanspruchs effektiv genutzt und sollen in ordnungspolitisch zentralen Fragen Ergebnisse erzielt werden, dann bedarf dies kooperativer Beziehungen zu anderen Mächten. Das gilt insbesondere für jene beiden Großmächte, mit denen die USA nicht in jener komplexen Interdependenz verknüpft sind wie mit ihren Bündnispartnern, die aber über erhebliche Blockademacht verfügen: China und Rußland. Mit »komplexer Interdependenz« ist eine Konstellation gemeint, in der Fragen militärischer Sicherheit die Beziehungen nicht dominieren und die Gesellschaften durch vielfältige transnationale Ver-

the need for international intervention becomes a moral imperative, the most obvious example being in a situation like Rwanda where genocide has occurred.« So Barack Obama auf einer Pressekonferenz anläßlich des G-8-Gipfels in L'Aquila im Juli 2009, zitiert in: »Obama in Africa: Welcome back, son. Now don't forget us«, in: *The New York Times* (12. Juli 2009).

flechtungen eng verbunden sind.[49] Während die amerikanisch-russischen Beziehungen noch immer vor allem von der »strategischen Interdependenz« wechselseitiger nuklearer Vernichtungsfähigkeit gekennzeichnet sind, hat sich in den amerikanisch-chinesischen Beziehungen eine enge wechselseitige wirtschaftliche Abhängigkeit herausgebildet, eine manchmal als »Verwundbarkeitsinterdependenz« bezeichnete Konstellation.[50] Dazu tragen nicht nur der Handelsaustausch und die Verflochtenheit bei der Produktion industrieller Güter bei, sondern auch die von China gehaltenen hohen Dollarreserven und Anleihen des US-Schatzministeriums.

Wenn es einen Bereich der Außenpolitik gibt, in dem Barack Obama ein intaktes Erbe antreten konnte, dann waren dies die amerikanisch-chinesischen Beziehungen. Hier hatte die Bush-Regierung eine pragmatische Politik entwickelt, die auf die Integration Chinas als *responsible stakeholder* setzte.[51] Trotz einer globalisierungskritischen Stimmung im Kongreß spielte die Chinapolitik keine nennenswerte Rolle im Präsidentschaftswahlkampf. Im Hinblick auf die mit dem weiteren Aufstieg Chinas verbundenen Ungewißheiten fanden die USA unter Präsident George W. Bush zu einem strategischen Konzept, das innenpolitisch tragfähig ist. Die amerikanische Strategie zielt auf die weitere Integration Chinas in das internationale System, auf dessen Einbindung als konstruktiver Akteur in ein Konzert der Großmächte unter Führung

---

49 Zum Idealtypus *complex interdependence* und zum Begriff *strategic interdependence* vgl. Keohane, Robert O./Joseph S. Nye, *Power and Interdependence*, 2. Aufl., New York: Harper Collins 1989 (S. 24-29).
50 Zur *vulnerability interdependence* vgl. Rosecrance, Richard, »Power and international relations. The rise of China and its effects«, in: *International Studies Perspectives* 7/1, 2006 (S. 31-35).
51 Vgl. Rudolf, Peter, *Imperiale Illusionen*, S. 161-182.

der USA. Die amerikanische Strategie rechnet mit der Möglichkeit, daß sich eine antagonistische hegemoniale Rivalität entwickelt. Politische Kooperation und wirtschaftliche Integration wurden daher unter Bush von einer beträchtlich verstärkten strategischen Risikoabsicherung flankiert. Die Bewahrung der militärischen Überlegenheit der USA und der Ausbau der sicherheitspolitischen Beziehungen mit Staaten in der asiatisch-pazifischen Region waren unter Präsident Bush die zentralen Elemente der Risikoabsicherung. Der machtpolitische Aufstieg Chinas birgt zwar Konfliktpotential; doch sicherheitspolitische Konflikte – darunter vor allem die Taiwanfrage – haben an akuter Bedeutung verloren. Vorbei scheint die Zeit, als eine taiwanesische Regierung mit dem Streben nach Unabhängigkeit eine Krise zwischen den USA und China herbeiführen konnte; verdichtet hat sich vielmehr die wirtschaftliche Verflechtung zwischen der Volksrepublik und Taiwan.[52]

Nichts zeigt die Bedeutung Asiens und die zentrale Rolle Chinas in der außenpolitischen Konzeption der USA deutlicher als die Tatsache, daß die erste Auslandsreise von Außenministerin Clinton nicht, wie unter den Vorgängern üblich, nach Europa führte, sondern nach Asien.[53] Im Wahlkampf hatte Hillary Clinton die Beziehungen zu China als die wichtigste internationale Beziehung der USA bezeichnet. Das Drängen auf Einhaltung der Menschenrechte in China ist auch in der amerikanischen Rhetorik anderen Fragen gewichen, insbesondere wirtschaftlichen und umweltpolitischen Interessen.

52 Vgl. Stokes, Bruce, »China. A rival but not an adversary«, in: *National Journal* (9. Mai 2009).
53 Vgl. Solomon, Jay/Ian Johnson, »Clinton's overseas trip asserts asia as priority«, in: *The Wall Street Journal* (13. Februar 2009).

In der Politik gegenüber Rußland konnte Präsident Obama an eine Politik selektiver Kooperation vor allem in der Nicht-verbreitungspolitik und der Bekämpfung des transnationalen Terrorismus anknüpfen, nicht jedoch an eine umfassende, klare Prioritäten setzende Strategie. Die amerikanisch-russischen Beziehungen waren in der Folge des Georgien-Krieges im Sommer 2008 in eine Krise geraten. Dabei trat das konflikthaltigste Problem deutlicher denn je hervor: das Management der Beziehungen in der russischen Peripherie in einer Weise, die russische Sicherheitsinteressen und gleichzeitig die Souveränität der Staaten in der Region wahrt.[54] Wie Vizepräsident Biden auf der Münchner Sicherheitskonferenz bekanntlich deutlich machte, war aus Sicht der neuen Führung in Washington die Zeit für die Betätigung des *reset button* in den amerikanisch-russischen Beziehungen gekommen. Die Regierung setzt auf den umfassenden Ausbau der amerikanisch-russischen Beziehungen, offenbar in der Erwartung, ein breiteres kooperatives Beziehungsgeflecht könne Rußland dazu bewegen, sich in den für die USA vorrangigen sicherheitspolitischen Fragen, nämlich Afghanistan und Iran, entgegenkommender zu verhalten.[55] In der Rußlandpolitik unter Obama zeichnet sich, wie in etlichen Studien und Vorschlägen gefordert, eine klare Prioritätensetzung ab – und zwar zugunsten der Kooperation im sicherheitspolitischen Bereich und insbesondere dort, wo wirklich wichtige Interessen ohne Rußland nicht zu realisieren sind.[56] Die Obama-

---

54 Vgl. Kitfield, James, »Russia's new red lines«, in: *National Journal* (20. Dezember 2008).
55 Vgl. DeYoung, Karen, »Obama team seeks to redefine Russia ties«, in: *The Washington Post* (4. März 2009).
56 Vgl. etwa die »realistischen« Empfehlungen in: Commission on U. S. Policy toward Russia (Co-Chairs: Hagel, Chuck/Gary Hart), *The Right Direction for U. S. Policy toward Russia*, Washington, D. C., März 2009.

Regierung ist offensichtlich bereit zu akzeptieren, daß nicht alles gleichzeitig zu haben ist – die Erweiterung der NATO um die Ukraine und Georgien und die russische Kooperation in der strategischen Rüstungskontrolle und in der Iranpolitik.

Auch Obama wird bei allem erklärten Interesse an einer breiteren Kooperation mit Rußland eine russische Einflußsphäre nicht anerkennen, ja aus innen- und allianzpolitischen Gründen nicht anerkennen können.[57] Das schließt jedoch nicht aus, im faktischen Handeln Rücksicht auf russische Sicherheitsinteressen zu nehmen. »Konstruktives Engagement« auf der Basis einer realistischen Einschätzung unterschiedlicher Interessen, Werte und Ziele heißt die Leitlinie der Rußlandpolitik[58] – und zwar mit Vorrang auf der nuklearen Abrüstung, Nonproliferation, Konfliktlösung (Afghanistan, Pakistan, Naher Osten, Georgien), internationalen Finanz- und Wirtschaftsfragen und der Klimapolitik.

Festzuhalten ist: Die Rückbesinnung auf die Funktionslogik liberaler Hegemonie ist in der außenpolitischen Orientierung Präsident Obamas unverkennbar. Die erklärte Maxime »multilateral, soweit möglich, unilateral, wo notwendig« eröffnet neue Chancen auf Mitsprache anderer Staaten. Mit der Bereitschaft zur Übernahme einer Führungsrolle in der Klima- und in der Abrüstungspolitik will Obama den amerikanischen Führungsanspruch wieder durch eine glaubwürdige Rolle bei der Bereitstellung globaler öffentlicher Güter untermauern. Die Politik gegenüber anderen Großmächten

57 Joseph Biden sprach dies auf der 45. Münchner Sicherheitskonferenz am 7. Februar 2009 deutlich aus: »We will not recognize a sphere of influence.« ⟨http://www.securityconference.de/konferenzen/rede.php?menu_2009=&sprache=en&id=238&⟩ (Stand: August 2009).
58 Burns, William J., Rede beim Russia World Forum, 27. April 2009 ⟨http://www.state.gov/p/us/rm/2009a/122279.htm⟩ (Stand: August 2009).

ist von einer kooperativen Linie bestimmt, in der die Vorstellung eines den Problemen des 21. Jahrhunderts adäquaten Mächtekonzerts unter amerikanischer Führung aufschimmert.[59]

Smart Power

Internationale Führung kann vielfältige Formen annehmen; sie kann aus der Entwicklung neuer Ideen, aus dem Werben um neue Konzepte, aus strategischer Innovation bestehen. Nicht jede Form der Führung bedarf großer Machtressourcen, doch der globale Führungsanspruch der USA bliebe hohl, wäre er nicht durch »harte« und »weiche« Macht gedeckt: harte Macht in Gestalt militärischer und wirtschaftlicher Ressourcen, weiche Macht in Gestalt von Autorität und dem Vermögen, die internationale Agenda intellektuell zu prägen.

Beide Varianten will die Regierung Obama in Form »kluger Macht«[60] zum Einsatz bringen. Vor allem Außenministerin Clinton hat sich dieses Konzept – *smart power* im Dienste von *smart policies* – zu eigen gemacht; nämlich die Nutzung aller Machtinstrumente, um effektiv den Herausforderun-

---

59 Hillary Clinton hat zwar eine adaptierte Version des Mächtekonzerts des 19. Jahrhunderts zurückgewiesen, aber eine moderne Form durchaus in der Formulierung anklingen lassen: »And with more states facing common challenges, we have the chance, and a profound responsibility, to exercise American leadership to solve problems in concert with others.« Rede vom 15. Juli 2009 vor dem Council on Foreign Relations.

60 Im Deutschen ist der Begriff »kluge Macht« verbunden mit dem Werk von Czempiel, Ernst-Otto, *Kluge Macht. Außenpolitik für das 21. Jahrhundert*, München: C. H. Beck 1999, dessen Entwurf für zeitgemäße außenpolitische Strategien weiter reicht als das, was in den USA unter »smart power« diskutiert wird.

gen zu begegnen, denen die USA sich gegenübersehen.[61] Eingang in die amerikanische Debatte fand der Begriff durch die überparteilich zusammengesetzte *Commission on Smart Power*, die unter Leitung von Richard L. Armitage und Joseph Nye 2007 einen Bericht zum »klugen« Gebrauch amerikanischer Macht veröffentlichte.[62] Darin entwerfen die Autoren das Konzept einer kunstvollen Kombination »harter« und »weicher« Macht, ein Konzept, das die Notwendigkeit militärischer Macht mit dem Engagement in Bündnissen, Partnerschaften und Institutionen verbindet und über die Organisation der Bereitstellung globaler Güter die Legitimität amerikanischer Führungsleistung sicherzustellen sucht. Das Konzept »kluger Macht« reflektiert die Unzufriedenheit über die starke Ausrichtung amerikanischer Außenpolitik auf den Einsatz harter Macht in der Ära Bush, über die Militärlastigkeit der Außenpolitik und über die Grenzen, an die der Einsatz harter Macht gelangt ist; das Konzept weitet den Blick auf die volle Bandbreite eigener, nicht immer eingesetzter Gestaltungsmacht.

Noch nie seit dem Ende des Zweiten Weltkrieges haben die USA soviel Geld für harte militärische Macht ausgegeben wie am Ende der Ära Bush. Inflationsbereinigt lag das Budget des Pentagon im Haushaltsjahr 2008 bei 481 Milliarden US-Dollar, dazu kamen 180 Milliarden für die Kriege im Irak und in Afghanistan und weitere 22 Milliarden an Verteidigungsausgaben, die nicht über das Pentagon budgetiert werden. Gemessen an der Kaufkraft bestritten die USA damit

61 Clinton, Hillary Rodham, *Keynote Address and Town Hall Meeting At Plenary Session of Foreign Affairs Day*, 1. Mai 2009 ⟨http://www.state. gov/secretary/rm/2009a/05/122534.htm⟩ (Stand: August 2009).
62 Armitage, Richard L./Joseph S. Nye, Jr (Cochairs), CSIS Commission on Smart Power: *A Smarter, More Secure America*, Washington: Center for Strategic and International Studies (CSIS), 2007.

rund 46 Prozent der weltweiten Militärausgaben.[63] An derart hohen Kosten für die militärische Machtentfaltung ändert sich auch unter Präsident Barack Obama nichts. Das Verteidigungsbudget, das die Regierung Obama für das Haushaltsjahr 2010 vorgelegt hat, liegt leicht über dem letzten Budget der Bush-Regierung. Auch Barack Obama hält an der Bewahrung der »militärischen Dominanz« der USA fest. Die USA sollen in der Lage sein, für das »volle Spektrum der Bedrohungen« gewappnet zu sein.[64]

Nicht um die Beschneidung militärischer Machtressourcen geht es in der amerikanischen Debatte, sondern um eine den künftigen Herausforderungen angemessene Verteilung: um die Balance zwischen der Ausrichtung auf klassische zwischenstaatliche Kriegführung gegen jene Staaten, die im Sprachgebrauch des Pentagon *near-peers* heißen (namentlich China), und dem Ausbau der sogenannten *counterinsurgency*-Fähigkeiten, wie sie in »kleinen Kriegen« notwendig sind, in denen es um die Niederschlagung von Aufstandsbewegungen und die Stabilisierung schwacher oder zerfallener Staaten geht. Zwar werden die USA nach Einschätzung ihres Verteidigungsministers so schnell nicht wieder Kriege wie im Irak und in Afghanistan führen, nämlich Kriege mit dem Ziel, ein diktatorisches Regime zu stürzen und einen demokratischen Staat aufzubauen. Doch klassische konventionelle Kriege wie noch der erste Golfkrieg waren in den letzten vier

63 Vgl. Conetta, Carl, *Forceful Engagement. Rethinking the Role of Military Power in US Global Policy*, Cambridge, Massachusetts: Project on Defense Alternatives, Dezember 2008; Flournoy, Michèle/Shawn Brimley, »The defense inheritance. Challenges and choices for the next Pentagon team«, in: *The Washington Quarterly*, 31/4, Herbst 2008, S. 59-76.
64 Rede von Barack Obama am 22. Mai 2009 an der Naval Academy (http://www.whitehouse.gov/the_press_office/Remarks-by-the-President-at-US-Naval-Academy-Commencement/) (Stand: August 2009).

Jahrzehnten die Ausnahme. Die »wahrscheinlichsten katastrophalen Bedrohungen« für die USA gehen aus der Sicht von Verteidigungsminister Gates aller Voraussicht nach eher von *failed states* als von Aggressorstaaten aus. Um politisch zu gewinnen, brauchen die USA Streitkräfte, die nicht nur die »Tür eintreten« können, sondern auch die Fähigkeit haben, »das Haus zu säubern oder danach gar wieder aufzubauen«.[65] Neue Waffensysteme für den Einsatz in künftigen konventionellen zwischenstaatlichen Konflikten genießen im Pentagon, im Kongreß und natürlich in der Rüstungsindustrie jedoch eine große Unterstützung; Kürzungen bei der Beschaffung teurer Großwaffensysteme sind innenpolitisch nur schwer durchzusetzen.

Die Bush-Doktrin mit ihrer Freiheitsagenda und präventiven Kriegsführung brachte die USA an den »Rand der strategischen Erschöpfung«.[66] Rund 850 Milliarden Dollar gaben die USA unter Präsident Bush für die Kriege im Irak und in Afghanistan aus; im November 2008 war die Zahl der gefallenen Soldaten auf 4818 gestiegen, die der verwundeten auf 33 355. Personell und finanziell sind die amerikanischen Streitkräfte von den langen Kriegen und wiederkehrenden Einsatzrunden in Irak und Afghanistan arg strapaziert; dünn ist die Personaldecke für weitere größere Einsätze. Die harte amerikanische Macht ist an Grenzen gelangt. Die große Aufgabe der amerikanischen *grand strategy* ist es, die Grenzen der eigenen Machtentfaltung zu erkennen, entsprechend

---

65 Gates, Robert M., »A balanced strategy. Reprogramming the Pentagon for a new age«, in: *Foreign Affairs* (Januar/Februar 2009).
66 Hierzu und im folgenden vgl. Brimley, Shawn/Michèle A. Flournoy/ Vikram J. Singh, *Making America Grand Again. Toward a New Grand Strategy*, Washington, D. C.: Center for a New American Security, Juni 2008, Zitat S. 9 (»to the edge of strategic exhaustion«). Michèle Flournoy wurde unter Obama Under Secretary of Defense for Policy.

Prioritäten zu setzen und Ziele, etwa in Afghanistan und Irak, pragmatischer und weniger maximalistisch zu setzen, ohne die Führungsverantwortung aufzugeben. Das zumindest ist die Sicht von Michèle Flournoy, die als Under Secretary of Defense for Policy bei der Entwicklung der sicherheitspolitischen Konzeption des Pentagon federführend ist.

Zu Bushs Erblast gehört eine »schleichende Militarisierung« der amerikanischen Außenpolitik. Warnungen vor einer solchen Entwicklung bezeichnete Verteidigungsminister Gates, damals noch unter Präsident Bush dienend, im Sommer 2008 als nicht unbegründet. Es ist schon bemerkenswert, wenn der Chef des Pentagon die schlechte finanzielle Ausstattung der zivilen Institutionen amerikanischer Außenpolitik kritisiert und an die Grenzen des militärischen Instrumentariums erinnert.[67] Nun sind die Klagen über eine Militärlastigkeit der Außenpolitik, die Verengung nationaler Sicherheit auf militärische Bedrohungen und die geringen Mittel für Entwicklungshilfe nicht neu; sie sind nicht ohne Grund seit Jahrzehnten immer wieder zu vernehmen. Schließlich entwickelten sich die USA im Laufe des Kalten Krieges zu einem »Sicherheitsstaat«, in dem die Sachwalter militärisch verstandener Sicherheit eine privilegierte Position erlangt haben und sich auf einen dichten Verbund von Interessen im Kongreß, in der Wirtschaft und in der Öffentlichkeit stützen können, dem keine gleichgewichtige Koalition entgegensteht.[68] Die drastische Aufstockung der Militärausgaben seit Herbst 2001 und die neu einsetzende Debatte

---

67 Vgl. Tyson, Ann Scott, »Gates warns of militarized policy«, in: *The Washington Post* (16. Juli 2008).
68 Zu dieser Struktur vgl. etwa Rudolf, Peter, *Amerikanische Seemachtpolitik und maritime Rüstungskontrolle unter Carter und Reagan*, Frankfurt/New York: Campus 1990, S. 35 ff.

über die nationalen Prioritäten haben diesen alten Klagen neue Aktualität verliehen.[69]

Barack Obama kündigte zwar im Wahlkampf an, bis 2012 die Auslandshilfe zu verdoppeln – pro Jahr auf 50 Milliarden US-Dollar. Doch vor dem Hintergrund eines enorm gestiegenen Haushaltsdefizits bleibt dies wohl ein frommer Wunsch. Strategie und Effektivität des Einsatzes eher bescheidener Mittel für die Auslandshilfe sollen jedoch unter die Lupe genommen und verbessert werden; diesem Zweck soll der von Außenministerin Clinton angekündigte »Quadrennial Diplomacy and Development Review« dienen, der den im Pentagon seit 1997 üblichen »Quadrennial Defense Review« zum Vorbild hat, in dem die Verteidigungsplanung mit ihren strategischen, strukturellen und budgetären Folgen dargelegt wird.

Zum Konzept der »klugen Macht« gehören nicht nur harte und weiche Ressourcen, sondern ihr umsichtiger, den eigenen Gestaltungsspielraum erhöhender Einsatz. Mit der grundsätzlichen Bereitschaft zur Diplomatie, zum *engagement* auch gegenüber jenen Staaten, die als »Schurkenstaaten« oder »Terrorstaaten« im amerikanischen politischen Diskurs stigmatisiert sind, setzte sich Präsident Obama bereits im Wahlkampf deutlich von seinem Vorgänger und von seinem republikanischen Konkurrenten John McCain ab.[70] Auch Bush

69 Vgl. dazu Williams, M.J., »The coming revolution in foreign affairs: rethinking American national security«, in: *International Affairs*, 84/6, 2008, S. 1109-1129.
70 Vgl. Stolberg, Sheryl Gay/Jim Rutenberg, »Bush assails ›appeasement‹, touching off storm«, in: *The New York Times* (16. Mai 2008); Matthew Mosk, »Obama strikes back at Bush on diplomacy«, in: *The Washington Post* (17. Mai 2008); Rohter, Larry, »Obama says Bush and McCain are ›fear mongering‹ in attack«, in: *The New York Times* (17. Mai 2008); Luo, Michael »Cuba is topic as McCain continues attack on Obama«, in: *The New York Times* (21. Mai 2008).

hatte faktisch – jedoch ohne dies so zu nennen – eine *engagement*-Politik gegebenüber einigen dieser Staaten betrieben, nämlich gegenüber Libyen, Nordkorea, ja auch gegenüber dem Sudan.

Doch Barack Obama stellte eine Politik des diplomatischen Engagements auch gegenüber Kuba und Iran in Aussicht – zwei Ländern, mit denen die USA eine schwierige, emotional aufgeladene Geschichte verbindet. Barack Obama setzt gegenüber Problemstaaten auf eine Politik der Anreize und Sanktionen, wobei der Hauptanreiz die Normalisierung der Beziehungen zu den USA ist.[71] Die bisherige auf Sanktionen gestützte Kuba-Politik war ein Fehlschlag, das räumt mittlerweile selbst die Cuban American National Foundation ein, die wichtigste Lobbyorganisation der Exil-Kubaner. Der erste vorsichtige Schritt auf dem Weg zu einer Abkehr von der bisherigen Isolationspolitik war innenpolitisch wenig strittig; er entsprach der Mehrheitsstimmung unter den kubanischstämmigen Amerikanern, auch wenn ihn einige hartgesottene Abgeordnete aus Florida kritisierten: die Aufhebung von Beschränkungen für Reise und Geldtransfers nach Kuba für Amerikaner mit Familienangehörigen auf dieser Insel.[72] Sowohl für Kuba als auch Iran – der Fall wird im Kapitel zur Nah- und Mittel-Ostpolitik eingehender behandelt – gilt: Hier spielt der Kongreß mit; denn dieser hat in der Vergangenheit mit Sanktionsgesetzen einen Rahmen geschaffen, der den Handlungsspielraum des Präsidenten einengt.

71 Vgl. »Q & A. Obama on foreign policy«, in: *The Washington Post* (2. März 2008).
72 Vgl. Stolberg, Sheryl Gay/Damien Cave, Obama Opens Door to Cuba, but Only a Crack, in: *The New York Times* (14. April 2009); Cave, Damien, »Cuban-Americans are ready for new era in relations, poll finds«, in: *The New York Times* (21. April 2009).

Die außenpolitische Orientierung Präsident Barack Obamas kann noch so sehr der internationalen Macht- und Problemkonstellation angemessen, die Machtausübung noch so klug konzipiert sein – die tatsächliche Umsetzung von Politiken liegt in den Händen von Menschen. Deren tatsächliches Handeln trägt dazu bei, ob andere Staaten Vertrauen in die Führungskompetenz der USA entwickeln. Zwar konnte Barack Obama schon im Laufe des nahezu perfekt organisierten Wahlkampfs mehr und mehr zeigen, was ihm aufgrund fehlender Erfahrung in hochrangigen Führungspositionen immer wieder abgesprochen worden war: nämlich Kompetenz. Wirkliches Vertrauen in die Kompetenz einer neuen Regierung kann jedoch erst im Laufe der Zeit erwachsen. Um so wichtiger war es für den neuen Präsidenten, über die Benennung seines Führungspersonals international einen Vertrauensvorschuß einzuwerben. Barack Obamas Führungsphilosophie zeigte sich insbesondere bei der Besetzung der Posten im Kabinett: wirklich gute, wirklich »smarte« Personen anzuheuern – und keine Angst vor solchen Persönlichkeiten zu haben.[73] Obamas Kabinett besteht zum einen aus »neuen Gesichtern«, zum anderen aus »Washingtoner Veteranen«. Die einen stehen für Innovation und Aufbruch, die anderen für Erfahrung und Kontinuität. Die »neuen Gesichter« finden sich in jenen Ämtern, die für Energie und Umwelt zuständig sind, allen voran der Nobelpreisträger Steven Chu als Energieminister. Die »alten Gesichter« finden sich in den für Außen- und Sicherheitspolitik sowie für Wirtschafts- und Finanzpolitik zuständigen Ämtern.[74]

73 Vgl. von Drehle, David, »Why history can't wait«, in: *Time* (16. Dezember 2008).
74 Vgl. Seib, Gerald F., »Obama team takes two shapes«, in: *The Wall Street Journal* (19. Dezember 2008).

Mit Hillary Clinton als Außenministerin, dem Republikaner Robert Gates als Verteidigungsminister und James Jones, einem ehemaligen General der U. S. Marines, als Sicherheitsberater besetzte Obama außen- und sicherheitspolitische Schlüsselpositionen mit Personen, die auf den ersten Blick keineswegs die Botschaft des Wandels untermauerten. Die Frustration unter linksliberalen Demokraten über diese Personalentscheidungen war deutlich zu vernehmen, schließlich haftet diesen wichtigen Akteuren eher das Image von »Falken« als von »Tauben« an, auch wenn sie sich in wichtigen inhaltlichen Fragen – soweit bekannt – vom Präsidenten wenig unterscheiden. Das gilt insbesondere für Außenministerin Clinton; leichte Differenzen in außenpolitischen Fragen erschienen im Getöse des Wahlkampfs größer, als sie in der Substanz tatsächlich waren. Da für einen Außenminister oder eine Außenministerin das Image im Ausland und der Einfluß innerhalb der Administration – das zeigt die historische Erfahrung – sehr davon abhängen, wie nahe sie oder er dem Präsidenten steht und wie sehr sein oder ihr Wort als das des Präsidenten gilt, war im übrigen von vornherein nicht damit zu rechnen, daß Hillary Clinton ihre »Starqualitäten« allzusehr zur eigenen Profilierung nutzen würde.[75] Die Entscheidung für Hillary Clinton, Robert Gates und James Jones ergab politisch Sinn. Ein beschleunigter Rückzug aus Irak, eine Verhandlungsinitiative gegenüber Iran und stärkerer Druck auf Israel – bei all diesen Vorhaben war mit heftiger Kritik zu rechnen. Da konnte es nicht schaden, wenn ein republikanischer Verteidigungsminister, ein hoher Ex-Militär und eine Außenministerin, die sich als Senatorin unter den jüdischen Gruppen in New York Respekt erworben

75 Vgl. Abramowitz, Michael/Glenn Kessler, »Success of Clinton hinges on rapport«, in: *The Washington Post* (2. Dezember 2008).

hatte, einen als liberal und außenpolitisch unerfahren geltenden Präsidenten flankierten.[76]

Dieser Präsident hat im ersten halben Amtsjahr sein Charisma eingesetzt, um das Image der USA in der Welt zu verändern. Das war *die* außenpolitische Priorität.[77] Er hat die
USA in zwei zentralen Testfällen für den Führungsanspruch
des Landes, der Klimapolitik und der atomaren Abrüstungspolitik, auf einen neuen Kurs gesetzt; er hat gegenüber Afghanistan und Pakistan einen Strategiewandel eingeleitet
und in der Nah- und Mittel-Ostpolitik Wege aus der Sackgasse gesucht, in die die amerikanische Politik unter seinem
Amtsvorgänger geraten war. Für den von ihm eingeleiteten
Wandel und die dadurch ausgelösten Hoffnungen erhielt Barack Obama bereits im ersten Amtsjahr den Friedensnobelpreis. Wie weit der Wandel reicht, wie weit er trägt, welchen
Problemen er ausgesetzt ist – darauf sollen die folgenden Kapitel erste Antworten geben.

---

76 Vgl. Beinart, Peter, »Obama chooses an unlikely team of hawks«, in:
   Time (26. November 2008).
77 Obamas Stabschef Rahm Emanuel bilanzierte nach einem halben Jahr:
   »We have taken off the table reflexive anti-Americanism as a reason
   not to deal with us«, zitiert in: Ignatius, David, »Obama's foreign policy
   report card«, in: *The Washington Post* (19. Juli 2009).

III.

Glaubwürdige Führungsrolle?
Klima- und Abrüstungspolitik als Testfälle

Kritisch für den globalen Führungsanspruch der USA und
aufschlußreich für die Art seiner Umsetzung sind unter Barack Obama zwei Politikfelder geworden: die Klimapolitik
und die Abrüstungs- und Nichtverbreitungspolitik. Die Kli-
mastabilität und die Sicherheit vor Atomkriegen sind öffentliche Güter, bei deren Gewährleistung die Führung der USA
unerläßlich ist.

Visionäre Führung?

Ein wichtiges Element in der auf die Erneuerung der internationalen Führungsrolle setzenden Politik ist die Übernahme einer glaubwürdigen Rolle in der nuklearen Abrüstungs-
und Nichtverbreitungspolitik. Barack Obama machte sich
bereits im Wahlkampf die Idee einer atomwaffenfreien Welt
zu eigen: »Hier ist, was ich als Präsident sagen werde: Amerika strebt nach einer Welt, in der es keine Atomwaffen gibt.«[1]
Und in der Tat bekräftigte er als Präsident in seiner Prager
Rede vom 5. April 2009 dieses Ziel:
    »So erkläre ich heute klar und mit Überzeugung Ameri-
kas Verpflichtung, nach dem Frieden und der Sicherheit einer

---

1 »Here's what I'll say as President. America seeks a world in which there
   are no nuclear weapons.« So Barack Obama in seiner Rede in Chicago
   am 2. Oktober 2007, online verfügbar unter: ⟨http://www.barackobama.
   com/2007/10/02/remarks_of_senator_barack_obam_27.php⟩ (Stand: August 2009).

Welt ohne Nuklearwaffen zu streben. Ich bin nicht naiv. Dieses Ziel wird nicht schnell zu erreichen sein – vielleicht nicht in meiner Lebenszeit. Es bedarf der Ausdauer und der Beharrlichkeit. Aber wir müssen nun auch die Stimmen ignorieren, die uns erzählen, die Welt könne sich nicht ändern. Wir müssen darauf beharren: Yes, we can.«[2]

Das ist im Kern die nie richtig ernst genommene Perspektive des Nichtverbreitungsvertrages, das war die viel belächelte Vision Ronald Reagans und Michael Gorbatschows – und des jungen Barack Obama, der sich 1983 in einem Aufsatz mit dem Titel »Breaking the War Mentality« für das Ziel einer nuklearwaffenfreien Welt ausgesprochen hatte.[3] Neue Dynamik und Seriosität erhielt diese Vision zu Beginn des Jahres 2007, als eine Gruppe prominenter Außen- und Sicherheitspolitiker aus beiden Parteien, darunter Henry Kissinger und George Shultz, sie sich öffentlichkeitswirksam zu eigen machte.[4] Die USA – so die Forderung – sollten die Führung übernehmen, um international einen Konsens für das Ziel einer atomwaffenfreien Welt zu schaffen – und mit einer ambitionierten Abrüstungs- und Nichtverbreitungspolitik der wachsenden Bedrohung durch Nuklearwaffen im Besitz einer grö-

2 »So today, I state clearly and with conviction America's commitment to seek the peace and security of a world without nuclear weapons. I'm not naive. This goal will not be reached quickly – perhaps not in my lifetime. It will take patience and persistence. But now we, too, must ignore the voices who tell us that the world cannnot change. We have to insist, ›Yes, we can.‹« ⟨http://www.whitehouse.gov/the_press_office/Remarks-By-President-Barack-Obama-In-Prague-As-Delivered/⟩ (Stand: August 2009).

3 Vgl. Broad, William J./David E. Sanger, »Obama's youth shaped his nuclear-free vision«, in: *The New York Times* (5. Juli 2009).

4 Vgl. Shultz, George P./William J. Perry/Henry A. Kissinger/Sam. Nunn, »A world free of nuclear weapons«, in: *The Wall Street Journal* (4. Januar 2007), S. 15. Shultz war unter Reagan Außenminister, Perry Verteidigungsminister 1994-97 unter Clinton, Kissinger Außenminister 1973-1977 und Nunn lange Jahre Vorsitzender des Streitkräfteausschussses im Senat.

ßeren Zahl von Staaten und möglicherweise in den Händen von Terroristen entgegenzusteuern. Die zugrundeliegende Logik dieser Idee, nämlich nur durch die ernsthafte Bereitschaft zur Abrüstung auf seiten der USA und anderer Atomwaffenstaaten könne das Nichtverbreitungsregime bewahrt werden, stieß schnell auf Kritik unter anderen Sicherheitspolitikern. Veränderungen in der amerikanischen Nuklearstrategie würden – so lautete das Argument – Staaten wie Nordkorea, Iran, Indien oder Pakistan nicht zur Aufgabe ihrer Atomwaffenprogramme bringen. Solange die Möglichkeit der Existenz von Nuklearwaffen bestehe – und das Wissen darum lasse sich nicht aus der Welt schaffen –, bedürften die USA der Atomwaffen zur Abschreckung.[5] Gegen den Einwand, das Wissen um Nuklearwaffen lasse sich nicht beseitigen, können Befürworter vollständiger nuklearer Abrüstung auf den Prozeß zivilisatorischen Fortschritts verweisen, in dessen Verlauf so manche einst akzeptable Praktiken auf dem Wege rechtlicher und moralischer Stigmatisierung schließlich verschwanden.[6] Entscheidend ist aus dieser Sicht daher vielmehr, ob sich ein Verbot von Atomwaffen verläßlich überprüfen läßt. Die Beratungen der Congressional Commission on the Strategic Posture, die ihre Ergebnisse im Mai 2009 veröffentlichte, zeigen deutlich, wie umstritten das Ziel der vollständigen nuklearen Abrüstung innerhalb der sicherheitspolitischen Elite ist; die Hälfte der Kommissionsmitglieder unterstützte es nicht.[7]

5 Vgl. Brown, Harold/John Deutch, »The nuclear disarmament fantasy«, in: *The Wall Street Journal*, 19. November 2007. Brown war unter Carter Verteidigungsminister, Deutch CIA-Direktor in der ersten Amtszeit von Clinton.
6 Vgl. Perkovich, George, *Abolishing Nuclear Weapons. Why the United States Should Lead*, Washington: Carnegie Endowment for International Peace 2008, S. 3.
7 Vgl. Perry, William J. (Chairman)/James R. Schlesinger (Vice-Chairman),

Barack Obama hat sich nicht die einseitige nukleare Abrüstung zum Ziel gesetzt. Solange es Atomwaffen gebe, bedürfen die USA aus seiner Sicht einer starken nuklearen Abschreckung. Ihm geht es darum, die Abrüstungsverpflichtung aus dem Nichtverbreitungsvertrag ernst zu nehmen; denn die Geschäftsgrundlage dieses Vertragswerkes lautet: Die Nichtnuklearstaaten erklären sich zum Verzicht auf Atomwaffen bereit – und zwar im Austausch gegen die Verpflichtung der Atomwaffenmächte zur Abrüstung. Mit Rußland will Obama in Richtung einer »dramatischen« Reduzierung der nuklearen Arsenale zusammenarbeiten, den Mittelstreckenvertrag will er global ausweiten und ein weltweites Verbot der Produktion waffenfähigen spaltbaren Materials in Angriff nehmen. Die USA wollen mit diesen Initiativen und der Bereitschaft, sich selbst Regeln zu unterwerfen, die Voraussetzung verbessern, Druck auf andere Staaten ausüben zu können.

Barack Obama hat seiner Präsidentschaft damit ein ehrgeiziges Ziel gesetzt, doch wie läßt es sich strategisch umsetzen? Kurzfristig geht es darum, die Zahl amerikanischer und russischer strategischer Atomwaffen auf vertraglichem Weg weiter zu verringern. Beide Staaten verfügen über rund 95 Prozent der Atomwaffen auf der Welt, beide Seiten sind noch immer in einer Situation latenter nuklearer Gegnerschaft gefangen, beide Seiten verfügen über die wechselseitige Vernichtungsfähigkeit, beide Seiten bemessen die Größe

America's Strategic Posture. The Final Report of the Congressional Commission on the Stratègic Posture of the United States, Washington: United States Institute of Peace Press 2009; zur Nuklearwaffen- und Abrüstungspolitik siehe auch Perry, William J./Brent Scowcroft (Chairs)/Charles D. Ferguson (Project Director), *U. S. Nuclear Weapons Policy,* Council on Foreign Relations, Independent Task Force Report No. 62, New York: Council on Foreign Relations 2009.

ihrer nuklearen Arsenale mit Blick auf den potentiellen Gegner. Und beide Staaten haben eine besondere Verpflichtung,
wenn es um die Bewahrung des Nichtverbreitungsregimes
geht.

Während unter Präsident Bush die Tendenz vorherrschte,
vertragliche Rüstungskontrolle als ein Überbleibsel einer ver-
gangenen Zeit geringzuschätzen, hält Barack Obama sie
weiterhin für einen zentralen Bereich der amerikanisch-russischen Kooperation. Für Rußland hatte dieser Bereich ohnehin nie an Bedeutung verloren. In der Zeit der Präsidentschaft
George W. Bushs kam es zu einem Abrüstungsvertrag: dem
am 24. Mai 2002 unterzeichneten und am 1. Juni 2003 in Kraft
getretenen »Strategic Offensive Reductions Treaty« (SORT),
besser bekannt als Moskauer Vertrag. Bei diesem handelt sich
um einen Kompromiß zwischen dem russischen Interesse
an einem formellen Vertragswerk und der Abneigung weiter Teile der Bush-Regierung gegenüber vertraglich festge-
schriebenen Beschränkungen des eigenen Nukleararsenals.
In einem sehr knapp formulierten Dokument verpflichte-
ten sich Rußland und die USA, ihre strategischen Nuklear-
gefechtsköpfe auf 1700 bis 2200 zu reduzieren – und zwar
bis zum 31. Dezember 2012 (wenn der Vertrag ausläuft). Die
genaue Art der Zählung der Gefechtsköpfe bleibt den Ver-
tragsparteien überlassen. Auch enthält SORT keine Überprü-
fungs- und Verifikationsbestimmungen, wie sie im START-
Vertrag über die Reduzierung der strategischen Nuklearwaffen enthalten sind, der nach 15 Jahren im Dezember 2009
ausläuft.[8] Diese komplexe Vereinbarung begrenzt im Kern

8 Zum folgenden vgl. Wolf, Amy, *Strategic Arms Control After START. Issues
   and Options*, Washington: Congressional Research Service, CRS Report
   2008; Paul, Michael/Oliver Thränert, *Nukleare Abrüstung und Rüstungskontrolle. Ausblick auf die amerikanisch-russischen Verhandlungen*, Berlin:
   Stiftung Wissenschaft und Politik 2009, SWP-Studie S09.

die Zahl der strategischen Trägersysteme auf jeweils 1600 und die Zahl der ihnen zugeordneten Gefechtsköpfe auf 6000 für jede Seite. Sie enthält zudem ausgefeilte Verifikationsbestimmungen, damit sich die Einhaltung der Abrüstungsverpflichtungen mit hoher Verläßlichkeit überprüfen läßt.

Am 1. April 2009 gaben Obama und der russische Präsident Medwedew die Aufnahme von Verhandlungen über strategische Abrüstung bekannt. Ziel ist die Reduktion der strategischen Nuklearwaffen auf ein Niveau unterhalb der im Moskauer Vertrag von 2002 festgelegten.[9] Die rechtlich verbindliche Vereinbarung soll effektive Verifikationsmaßnahmen enthalten, die auf den Erfahrungen mit den im START-Vertrag enthaltenen Bestimmungen aufbauen. Auf dem Moskauer Gipfeltreffen im Juli 2009 gaben Präsident Obama und Präsident Medwedew die Rahmendaten für eine neue Vereinbarung bekannt.[10] Die Zahl der Gefechtsköpfe wird auf 1500 bis 1675 begrenzt, die Zahl der Trägersysteme auf 500 bis 1100. Frühestens im Dezember 2009, das zeigte sich sehr bald, war mit einem Abschluß der Verhandlungen zu rechnen; zu unterschiedlich waren die Auffassungen über die genaue Zählweise von Trägersystemen und Gefechtsköpfen. Eine politische Hürde auf dem Weg zu einem erfolgreichen Verhandlungsabschluß, nämlich die geplanten amerikanischen Raketenverteidigungssysteme in Polen und der Tschechischen Republik, räumte Obama im September 2009 zur Seite.[11] Die

9 Bereits im Februar 2009 hatten die USA weniger als 2200 Gefechtsköpfe stationiert; vgl. Pincus, Walter, »U.S. ahead of Moscow treaty schedule in reducing its nuclear arsenal«, in: *The Washington Post* (13. Februar 2009).
10 Vgl. Paul, Michael/Oliver Thränert, *Neustart mit Hindernissen. Probleme und Perspektiven des START-I-Nachfolgeabkommens*, Berlin: Stiftung Wissenschaft und Politik 2009, SWP-Aktuell A35.
11 Vgl. Gates, Robert M., »A better missile defense for a safer Europe«, in: The *Washington Post* (20. September 2009); Sheridan, Mary Beth/Philip

Notwendigkeit eines solchen Verteidigungsysstems hatte die Bush-Regierung mit einer künftigen Bedrohung durch iranische Raketen großer Reichweite begründet. Unter Obama gelten iranische Raketen kürzerer und mittlerer Reichweite als akutere und wahrscheinlichere Bedrohung für verbündete Staaten und amerikanische Streitkräfte. Dagegen soll der schnelle Aufbau eines seegestützten Abwehrsystems Schutz bieten. Auch wenn die Abkehr von der Raketenverteidigungspolitik Bushs nicht der Rücksichtnahme auf Rußland, sondern einer veränderten Einschätzung der Bedrohung und der technologischen Möglichkeiten entsprang, so trug sie zumindest zu einer atmosphärischen Verbesserung der Beziehungen zu Moskau bei. Innenpolitisch war diese Entscheidung nicht ohne Risiko, konnten konservative Kritiker sie doch leicht als Nachgeben gegenüber russischem Druck denunzieren. Die Ratifizierung des Abrüstungsvertrags durch die notwendige Zweidrittelmehrheit im Senat ist damit nicht leichter geworden.

Verglichen mit SORT ist der neue Vertragsrahmen nicht sehr ehrgeizig. Weitergehende Abrüstungsschritte sind in den USA innenpolitisch umstritten. Der abrüstungspolitische Spielraum wird für Barack Obama sehr stark durch die Ergebnisse der vom Kongreß geforderten »Nuclear Posture Review« gesteckt, die Anfang 2010 vorliegen sollen.[12] Soll im Bereich der Nuklearstrategie und Nuklearpolitik wirklich ein Wandel beginnen, dann bedarf es ausreichenden Engagements und steter Aufmerksamkeit hochrangiger Regierungsmitarbeiter in diesem Prozeß. Die Führung der Streitkräfte

P. Pan, »Obama missile decision may smooth U. S.-Russia arms talks«, in: *The Washington Post* (21. September 2009).

12 Vgl. Taubman, Philip, »Obama's big missile test«, in: *The New York Times* (9. Juli 2009).

muß einbezogen, der Kongreß konsultiert und die Verbündeten involviert werden.[13]

In der ersten vom Kongreß veranlaßten »Nuclear Posture Review«, durchgeführt unter Präsident Clinton zwischen 1993 und 1994, stand am Ende die Bestätigung des Status quo, weil die Konflikte zwischen dem für die Nuklearstrategie zuständigen Streitkräftekommando und den politischen Beamten der mittleren Ebene nicht von höherer Stelle entschieden wurden. Zudem nutzten die Befürworter des Status quo die Ungewißheit über die weitere Entwicklung Rußlands. Am Ende entsprach das Ergebnis der Überprüfung mehr oder weniger der Position der Militärs: Beibehalten wurde die sogenannte Triade von boden-, luft- und seegestützten Nuklearwaffen und die alte Einsatzdoktrin, nach der die Atomwaffen in ständiger sofortiger Einsatzbereitschaft gehalten werden. Beim zweiten Überprüfungsprozeß nach Ende des Kalten Krieges, den die Regierung Bush 2001 durchführte, funktionierte die politische Führung durch hochrangige zivile Mitarbeiter des Pentagon. Das Ergebnis spiegelte ihre Wünsche und Vorgaben wider. Danach sollten die einsatzfähigen Gefechtsköpfe um zwei Drittel auf 1700 bis 2200 Stück reduziert werden. Die Bush-Regierung glaubte, damit die Bedeutung von Atomwaffen in der amerikanischen Sicherheitspolitik verringert zu haben. Was sonst noch von der geheimen »Nuclear Posture Review« bekannt wurde, erweckte allerdings eher einen gegenteiligen Eindruck. Von »größerer Flexibilität« bei Planung, Entwicklung und Gebrauch von Atomwaffen gegenüber »Schurkenstaaten« wie Nordkorea und Iran war die Rede. Kurzum: Gewiß hat sich

---

13 Hierzu und zum folgenden vgl. Grotto, Andrew/Joe Cirincione, *Orienting the 2009 Nuclear Posture Review. A Roadmap*, Washington: Center for American Progress 2008.

die Zahl der Waffen und ihre Mischung verändert. Doch es trat auch eine neue Rolle für Atomwaffen hinzu, als das Pentagon unter Präsident Clinton sie in den Dienst der Abschreckung eines Angriffes durch biologische und chemische Waffen stellte. Präsident Bush leitete die Entwicklung neuer Atomsprengköpfe ein, die in der Lage sein sollen, tiefverborgene Ziele auszuschalten.

Der erste Entwurf der »Nuclear Posture Review«, den Obama auf seinen Tisch bekam, war offenbar noch sehr altem Denken verhaftet und dem Präsidenten bei weitem nicht radikal genug.[14] Löst sich unter Barack Obama die Atomwaffenpolitik von alten Mustern? Wird Präsident Obama nach Überprüfung der bisherigen Nuklearpolitik der Welt verkünden können, amerikanische Nuklearwaffen dienten fortan nur dazu, andere Staaten vom Einsatz atomarer Waffen abzuschrecken? Eine solche Änderung der Politik würde eine drastische Verringerung der Zahl atomarer Gefechtsköpfe erlauben; von etwa 7000 auf etwa 1000, die vor allem seegestützt und somit nahezu unverwundbar wären. Ein solcher Abrüstungsschritt könnte Glaubwürdigkeit in der Nichtverbreitungspolitik schaffen, um auf ein umfassendes, weit strikteres nukleares Kontrollregime hinarbeiten zu können.[15]

Ein weiterer Testfall für die amerikanische Führungsfähigkeit in der atomaren Abrüstungs- und Nichtverbreitungspolitik ist die Ratifizierung des umfassenden Teststoppvertrages, den die VN-Generalversammlung 1996 verabschiedete. Präsident Clinton leitete den Vertrag dem Senat 1997 zur Ratifizierung zu; doch diese scheiterte 1999: Nur 48 Sena-

---

14 Vgl. Borger, Julian, »Barack Obama ready to slash US nuclear arsenal«, in: *The Guardian* (20. September 2009).
15 Vgl. Daalder, Ivo/Jan Lodal, »The logic of zero. Toward a world without nuclear weapons«, in: *Foreign Affairs* 87/6 (2008), S. 80-95.

toren stimmten dafür, 51 dagegen. Barack Obama versprach im Wahlkampf, den Vertrag dem Senat zum »frühesten praktischen Zeitpunkt« zur Ratifizierung vorzulegen. Laut Stimmen aus dem Senat ist frühestens 2010 mit dem erneuten Beginn des Ratifizierungsprozesses zu rechnen. Erst muß die weitere Richtung der Atomwaffenpolitik deutlich sein; und erst müssen skeptische Senatoren davon überzeugt werden, daß im Fall eines umfassenden Testverbots die Zuverlässigkeit amerikanischer Atomwaffen auch ohne Tests sichergestellt werden könne.[16]

Die Frage bleibt: Hat Barack Obama die Energie, den Mut und die Ausdauer, seine Abrüstungsvision gegen absehbare Widerstände im amerikanischen Sicherheitsestablishment und im Kongreß umzusetzen und die amerikanische Sicherheitsbürokratie auf ein langfristiges, geradezu utopisches Ziel zu orientieren, auf ein neues »organisierendes Prinzip«, das Folgen für die Beziehungen zu Rußland und China hätte und das zu einer Verständigung über die Rolle der Raketenverteidigung führen müßte?[17] Barack Obamas Vision, die das Nobelkomitee in seiner Begründung für die Verleihung des Friedensnobelpreises besonders hervorhob, beruht auf der Einsicht, eine nukleare Ordnung, in der wenige Atomwaffenstaaten andere Staaten am Erwerb dieser Waffen hindern, könne auf Dauer nicht stabil sein. Doch diese Logik ist in den USA keineswegs unumstritten.

---

16 Vgl. Graham-Silverman, Adam, »Nuclear treaty vote could be at least a year away«, in: *Congressional Quarterly Today* (5. Dezember 2008).

17 Vgl. Perkovich, George, *Abolishing Nuclear Weapons. Why the United States Should Lead*, Washington: Carnegie Endowment for International Peace 2008, S. 7.

Wollen die USA ihre Glaubwürdigkeit als internationale Führungsmacht zurückgewinnen, dann müssen sie diese Rolle auch in der Klimapolitik übernehmen. Wenn dieser Anspruch in einer so wichtigen Frage wie dem Klimawandel hohl bleibt, dann verspielen die USA substantielle Legitimität. Es ist daher nur folgerichtig, daß die Klimapolitik in Barack Obamas Außenpolitik einen prominenten Platz einnimmt. Die USA als, pro Kopf gerechnet, größter Verursacher von Treibhausgasen müssen, wie es in den programmatischen Äußerungen Obamas während des Wahlkampf hieß, »das eigene Haus« in Ordnung bringen und sich bei der Weiterentwicklung internationaler Vereinbarungen engagieren.[18]

Der Klimawandel gehört zu jenen globalen Problemen, deren Charakteristika internationale Kooperation nicht einfach machen: Die Auswirkungen sind erst langfristig erkennbar, sie sind wenig sichtbar und von einer gewissen wissenschaftlichen Unsicherheit begleitet; die Kosten, die mit der langfristigen Bewältigung des Problems verbunden sind, entstehen jedoch schon heute und sind beträchtlich.[19] George W. Bush verfolgte in der Klimapolitik eine Linie, die von der Leugnung des Problems und der Verzögerung wirkungsvoller Gegenmaßnahmen gekennzeichnet war. Den Rückzug aus dem Kyoto-Protokoll begründete er vor allem damit, Länder wie China und Indien seien nicht einbezogen worden und

---

18 Barack Obama's Plan to Make America a Global Energy Leader, online verfügbar unter: ⟨http://obama.3cdn.net/4465b108758abf7a42_a3jmvy fa5.pdf⟩ (Stand: August 2009).
19 Vgl. Kraft, Michael E., »U. S. global environmental policy in the post-Bush era«, in: Hook, Steven W./James M. Scott (Hg.), *Renewal. The United States in the Global Community*, Congressional Quarterly Press 2010 i. V.

die Umsetzung der internationalen Übereinkunft würde die USA wirtschaftlich übermäßig belasten. Die Einbeziehung dieser Staaten in bindende Verpflichtungen ist eine der zentralen amerikanischen Forderungen, ohne deren Erfüllung auch Barack Obama sich nicht auf ein neues Klimaschutzabkommen einlassen kann.

Bevor Präsident Obama internationale Verpflichtungen eingehen wird, muß er warten, welche Vorgaben der Kongreß für die Reduzierung von Emissionen setzt. Die zu erwartenden Reduktionen gehen aus europäischer Sicht nicht weit genug und bleiben hinter dem Ziel der EU zurück, die Emissionen bis zum Jahre 2020 auf das Niveau von 80 Prozent des Standes von 1990 zu senken. Bevölkerung und Emissionen sind in den USA stark gewachsen; selbst die Vorgabe, die Emissionen bis 2020 auf den Stand von 1990 zu senken, würde beträchtliche Kosten nach sich ziehen. Ein entsprechendes Gesetz, das der damalige Senator Obama unterstützt hatte, scheiterte im Juni 2008 im Senat.[20]

Nirgendwo sonst ist die Verknüpfung von Innen- und Außenpolitik so deutlich und so dicht wie in der Klimapolitik. Wollen die USA international glaubwürdig agieren und andere zögerliche, aber für den Klimaschutz kritische Staaten zur Kooperation bewegen, dann müssen sie erst einmal zu Hause eine Politikwende einleiten. Innenpolitisch verfolgt die Obama-Regierung einen dreistufigen Ansatz.[21] Erstens enthält das massive Konjunkturprogramm, der »American Recovery and Reinvestment Act«, klimarelevante Initiativen, darunter Milliardeninvestitionen in »saubere Energien«.

20 Zur Einschätzung vgl. Diringer, Elliot, *The U. S. Election and Prospects for a New Climate Agreement*, Washington: Heinrich Böll Stiftung 2008.
21 Vgl. Rosenthal, Elisabeth, »U.S. transition hampers talks on climate change«, in: *The New York Times* (11. Dezember 2008).

Der zweite Eckpfeiler der klimapolitischen Wende sind die Mitte Mai 2009 angekündigten nationalen Standards für Treibstoffverbrauch und Kohlendioxidausstoß von Autos und leichten Lastkraftwagen für alle in den USA ab 2012 verkauften Fahrzeuge. Bis 2016 sollen Verbrauch und Schadstoffausstoß im Vergleich zum Stand von 2009 um rund 40 Prozent sinken. Die amerikanischen Hersteller haben ihren langjährigen Widerstand gegen verschärfte Standards aufgegeben; im Falle von General Motors und Chrysler hängt dies sicher auch mit der Abhängigkeit von staatlicher Unterstützung zusammen.[22] Das dritte und wichtigste, aber politisch am schwersten durchsetzbare Vorhaben ist die Einrichtung eines nationalen Emissionshandelssystems (*cap-and-trade system*), das Obergrenzen für den Treibhausgasausstoß festsetzt und Emissionsrechte (sogenannte Emissionszertifikate) ausgibt, die dann auf dem Markt gehandelt werden können. Ein solches marktwirtschaftliches Instrument der Umweltpolitik besteht in der EU seit 2005.

Trotz Wirtschaftskrise, trotz der Sorgen über die Kosten von Umweltmaßnahmen war das politische »Klima« für den Klimaschutz zu Beginn von Obamas Amtszeit so günstig wie nie zuvor. Die amerikanischen Großkonzerne hatten ihren Widerstand gegen die Regulierung von Treibhausgasen aufgegeben und ihre Strategie verändert. Nicht mehr um Blockade ging es, sondern um die Mitgestaltung einer mittlerweile als unvermeidlich angesehenen Regulierung. So veröffentlichten die in der U. S. Climate Action Partnership zusammengeschlossenen Großkonzerne gemeinsam mit Umweltverbänden Mitte Januar 2009 einen Klimaplan, der im wesentlichen den Absichten des neuen Präsidenten entsprach:

22 Vgl. Broder, John M., »U. S. to issue tougher fuel standards for automobiles«, in: *The New York Times* (19. Mai 2009).

Schaffung eines Emissionshandelssystems mit dem Ziel, den Kohlendioxidausstoß bis zum Jahr 2050 auf das Niveau von 2005 zu senken – aber nach Vorstellung der Konzerne zunächst mit kostenloser Vergabe der Emissionsrechte.[23]

Der »American Clean Energy and Security Act«, der im Frühjahr 2009 seinen Weg durch das Repräsentantenhaus begonnen hat, bildet den Eckpfeiler der klimapolitischen Wende in den USA: Er enthält das bereits erwähnte Emissionshandelssystem (mit kostenfreier Vergabe von 85 Prozent der Emissionszertifikate), neue Energieeffizienzstandards für Gebäude und industrielle Anlagen sowie Vorgaben für einen höheren Anteil erneuerbarer Energien. Viele große Firmen und auch die Mehrheit der Energieversorger unterstützen das Gesetz – nicht aus Begeisterung, sondern aus der Einsicht heraus, Regulierungen seien unvermeidlich und das vorliegende Gesetz sei noch am ehesten akzeptabel. Zwei große Industrieverbände, die National Association of Manufacturers und die United States Chamber of Commerce, sprachen sich gegen das Gesetz aus. Einige Umweltgruppen kritisierten es wegen zu vieler Zugeständnisse an die Industrie.[24]

Präsident Obama hielt sich öffentlich bei den Details des Klimagesetzes zurück und überließ die Federführung den Demokraten Henry A. Waxman und Edward J. Markey. Der von ihnen eingebrachte Entwurf entsprach im wesentlichen der Linie der Regierung.[25] Diese winkte damit, den

---

23 Vgl. Davenport, Coral, »Cap and trade climate change legislation a top Obama priority«, in: *Congressional Quarterly Today* (15. Januar 2009); Kriz, Margaret, »Changed climate for global warming law«, in: *National Journal* (7. Februar 2009).
24 Vgl. Broder, John M., »Climate bill clears hurdle, but others remain«, in: *The New York Times* (22. Mai 2009).
25 Vgl. Broder, John M., »Obama who vowed rapid action on climate change, turns more cautious«, in: *The New York Times* (11. April 2009); Power, Stephen, »Obama officials urge cap on greenhouse gases«, in: *The*

Ausstoß von Treibhausgasen auf dem Weg einer Verordnung zu verringern, sollte es nicht zu einer gesetzlichen Regelung kommen. Die Möglichkeit dazu hatte sie mittlerweile. Der Supreme Court hatte nämlich bereits 2007 entschieden, Treibhausgase seien *pollutants* nach den Bestimmungen des »Clean Air Act«, und die Environmental Protection Agency (EPA) angewiesen, zu entscheiden, ob sie eine Gefahr für die Öffentlichkeit darstellen. Die EPA erklärte Mitte April 2009 Treibhausgas-Emissionen zu einer Gefahr für Gesundheit und Wohlfahrt.

Nach der Entscheidung der EPA erhöhte sich der Druck auf den Kongreß, ein Gesetz zu verabschieden. Die Konsensfindung war auch unter den Demokraten aufgrund regionaler und ideologischer Differenzen keineswegs einfach. Abgeordnete und Senatoren aus auto- und aus kohleproduzierenden Staaten haben andere Präferenzen als liberale Kongreßmitglieder aus Kalifornien oder von der Ostküste. Kalifornien, traditionell Vorreiter in der amerikanischen Umweltpolitik, und die meisten der Ostküstenstaaten hängen bei der Stromerzeugung weit weniger von Kohlekraftwerken ab als die Staaten im Mittleren Westen und an den Großen Seen.[26] Es bedurfte daher vieler Kompromisse, vieler spezieller Zugeständnisse und am Ende des persönlichen Einsatzes Obamas, bis das Repräsentantenhaus den »American Clean Energy and Security Act« im Juni 2009 mit 219 zu 212 Stimmen verabschiedete. 44 Demokraten, zumeist aus ländlichen und kon-

Wall Street Journal (22. April 2009); Avery Palmer, »EPA moves on greenhouse gases puts congress on the line«, in: *Congressional Quarterly Today* (17. April 2009).
26 Vgl. Broder, John M., »In Obama's team, two camps on climate«, in: *The New York Times* (3. Januar 2009); Broder, John M., »Geography is dividing Democrats over energy«, in: *The New York Times* (27. Januar 2009).

servativen Wahlkreisen, stimmten gegen, überhaupt nur acht moderate Republikaner für das Gesetz, das von der Republikanischen Partei als eine nationale Energiesteuer und eine Gefährdung von Arbeitsplätzen kritisiert wurde.[27]

Zwar wurde das Gesetz verwässert, aber das erste Mal überhaupt verabschiedete eine der beiden Kammern des amerikanischen Kongresses ein Gesetz zur Reduzierung des Treibhausgasausstoßes – und zwar mit dem Ziel, den Kohlendioxidausstoß bis 2020 um 17 Prozent und bis 2050 um 83 Prozent unter das Niveau von 2005 zu senken. Wie das Gesetz am Ende aussieht, hängt vom Senat ab. Dort konnte die demokratische Führung am Beginn des Gesetzgebungsprozesses nur mit höchstens 40 Stimmen sicher rechnen, notwendig waren aber mindestens 60 Stimmen. Ohne weitere Zugeständnisse an Vertreter regionalspezifischer Interessen – von der verarbeitenden Industrie über die Landwirtschaft hin zu den Energieproduzenten – war an einen erfolgreichen Abschluß des Verfahrens nicht zu denken.

Sollten beide Häuser des Kongresses das Gesetz verabschieden und der Präsident es unterzeichnen, dann wäre der innenpolitische Grundstein gelegt für einen wirklichen Rollenwandel der USA in der internationalen Klimapolitik. Der »American Clean Energy and Security Act« würde für die USA eine Wasserscheide darstellen. Denn die Einführung eines Emissionshandelssystems und eines bundesweiten Standards für die Elektrizitätserzeugung aus erneuerbaren Energien würden eine Transformation des amerikanischen Energiesektors einleiten. Präsident Obama hat sich zur »histori-

27 Vgl. Davenport, Coral/Avery Palmer, »A landmark climate bill passes«, in: *Congressional Quarterly Weekly* (27. Juni 2009); Broder, John M., »House passes bill to address threat of climate change«, in: *The New York Times* (27. Juni 2009); Kane, Paul, »Push and pull in senate may recast climate bill«, in: *The Washington Post* (7. Juli 2009).

schen Verantwortung« der Industriestaaten und ausdrücklich auch der USA bekannt, die Führungsrolle in der Klimapolitik zu übernehmen.[28] International verfolgt die Administration dabei drei Stoßrichtungen:[29] erstens das Engagement im internationalen Verhandlungsprozeß im Rahmen der Klimarahmenkonvention, zweitens Verhandlungen zwischen den 16 wirtschaftlich wichtigsten Staaten im Rahmen des von den USA im April 2009 erstmals zusammengerufenen Major Economies Forum on Energy and Climate, und drittens den Dialog mit klimapolitisch wichtigen Staaten wie China.[30]

Die USA haben unter Barack Obama ihre Blockaderolle in der internationalen Klimapolitik überwunden, aber zum umweltpolitischen Vorreiter sind sie damit noch längst nicht geworden. Nach wie vor bleiben die USA mit ihren Vorstellungen hinter dem zurück, was die Europäer fordern – und weit hinter dem, was nötig wäre, um das Ziel zu erreichen, die globale Erderwärmung auf maximal zwei Grad Celsius zu begrenzen. Dieses von vielen Experten geforderte Ziel haben die wichtigsten Verursacherstaaten im Juli 2009 als erstrebenswert anerkannt. Zu einer Einigung auf konkrete Ziel-

---

28 Obama, Barack, »Remarks by the president on major economies forum declaration«, 9. Juli 2009, online verfügbar unter: ⟨http://www.white house.gov/the_press_office/Remarks-By-President-Obama-On-Major-Economies-Forum-Declaration/⟩ (Stand: August 2009).

29 Stern, Todd (Sondergesandter für Klimawandel), *Statement to the Senate Foreign Relations Committee*, 22. April 2009, online verfügbar unter: ⟨http://foreign.senate.gov/testimony/2009/SternTestimony090422a.pdf⟩ (Stand: August 2009).

30 Nichts ist aus Sicht des Sondergesandten für Klimawandel, Todd Stern, wichtiger für die Bewältigung der Bedrohung durch den Klimawandel als eine amerikanisch-chinesische Partnerschaft: »There is no way to preserve a safe, livable planet unless China plays a very important role along with the United States. This is not a matter of politics or morality or right or wrong. It is simply the unforgiving math of accumulation emissions.« Zitiert in: Glenn Kessler, »U. S., China to focus on slump, climate«, in: *The Washington Post* (22. Februar 2009).

vorgaben kam es jedoch nicht. Eine konstruktive Rolle der USA im mühsamen Prozeß multilateraler Verhandlungen ist eine notwendige Voraussetzung für Fortschritte, jedoch bei weitem keine hinreichende.

IV.

Anlauf zur Konfliktregelung. Die Politik im Nahen und Mittleren Osten

Seit Jahrzehnten sind zwei Konfliktstrukturen im »arabisch-nahöstlichen Konfliktsystem«[1] zentral für die amerikanische Politik in dieser Region: der arabisch-israelische Konflikt und der Konflikt um die Vorherrschaft am Persischen Golf. Beide berühren grundlegende Interessen der USA.[2] Das *erste* traditionelle Kerninteresse ist die Energiesicherheit, das heißt der Zugang der industrialisierten Welt zu den Öl- und Gasressourcen und, damit zusammenhängend, die Verhinderung der Kontrolle eines feindlichen Landes über die Ressourcen in der Region. Mehr als zwei Drittel der bekannten konventionellen Ölreserven sowie ein Drittel der nachgewiesenen Gasvorkommen befinden sich im Nahen Osten (im breiten, Iran einschließenden Verständnis). Zwar kommt nur ein kleiner Teil des in den USA verbrauchten Öls von dort. Doch der Ölmarkt ist ein globaler Markt; Verfügbarkeit und Preis sind sehr stark vom Persischen Golf beeinflußt. Nicht das Maß direkter amerikanischer Abhängigkeit ist daher das Entscheidende, sondern die wachsende Abhängigkeit der Weltwirtschaft vom Öl. Die Energiesicherheit könnte – so die vielfach zu hörende Sorge in den USA – gefährdet sein, wenn radikale islamistische Regime an die

---

1 Perthes, Volker, *Vom Krieg zur Konkurrenz. Regionale Politik und die Suche nach einer neuen arabisch-nahöstlichen Ordnung*, Baden-Baden: Nomos 2000, S. 131 ff.
2 Zum folgenden vgl. Rudolf, Peter, *Imperiale Illusionen. Amerikanische Außenpolitik unter Präsident George W. Bush*, Baden-Baden: Nomos 2007, S. 83 ff. (dort auch ausführliche Literaturverweise).

Macht kämen und ein großer Teil der Ölreserven in ihrer Hand läge.

Das *zweite* traditionelle Kerninteresse ist die Sicherheit Israels, eines Landes, mit dem die USA eine »besondere Beziehung« verbindet, auch wenn kein formelles Bündnis besteht. Die besondere Beziehung zu Israel hängt nicht in erster Linie mit der Stärke der proisraelischen Lobby zusammen. Der Einfluß der Israel-Lobby bleibt sicher einzigartig; allerdings kann nicht die Rede von einem dominierenden Einfluß auf die amerikanische Nahostpolitik sein. Die Lobby spielt zweifellos eine wichtige Rolle bei der Einleitung proisraelischer Initiativen und ihrer Durchsetzung, insbesondere im Kongreß. Doch sie operiert in einem politischen Kontext, der ihr offenes Gehör und Koalitionspartner garantiert: Denn in den USA besteht ein grundsätzlicher, insbesondere in der politisch-kulturellen Nähe zweier demokratischer Staaten wurzelnder proisraelischer Konsens, der die besondere Beziehung zwischen den beiden Staaten garantiert.

Aus den beiden genannten traditionellen Kerninteressen – Öl und Israel, um es etwas verkürzt auszudrücken – leiten sich andere Interessen ab: die Stabilität der Staaten am Persischen Golf, die Verhinderung der Verbreitung von Massenvernichtungswaffen, die Eindämmung einer vom islamistischen Fundamentalismus ausgehenden Bedrohung. Aufgrund der Verwobenheit der Interessen und der Wechselwirkung zwischen den Konfliktstrukturen ist es nur folgerichtig, daß die amerikanische Politik in der Region von einer systemischen Perspektive geleitet ist.

Die Bush-Regierung legte ihrer Politik die Annahme zugrunde, der Regimesturz im Irak und der Aufbau eines demokratischen arabischen Staates könne die politische Konstellation und die Konfliktdynamik im Nahen Osten zum

Positiven wenden. Die Irak-Intervention sollte die Machtverhältnisse am Persischen Golf dauerhaft zugunsten der USA verändern. Statt dessen wurde faktisch die Position Irans gestärkt und sein Vormachtstreben erleichtert. Der Krieg, der unter anderem auch der Demonstration amerikanischer Stärke dienen sollte, wurde zum Sinnbild amerikanischer Schwäche. Auch die Nah- und Mittelost-Politik Barack Obamas beruht auf einer systemischen Sicht; die »systemische Therapie« setzt bei ihm jedoch an anderer Stelle an. Sollte unter Präsident Bush der Weg zu Frieden und Stabilität über Bagdad führen, so führt er unter Barack Obama (wieder) über Jerusalem. Die zentrale Rolle des israelisch-arabischen, insbesondere des israelisch-palästinensischen Konflikts bei einer Veränderung der gesamten Konfliktlage unterscheidet die strategische Perspektive Barack Obamas von der seines Vorgängers. Er erkennt offensichtlich an, was George W. Bush lange glaubte ignorieren zu können und was viele Experten in den USA immer wieder betont hatten: Der israelisch-arabische Konflikt ist das »Prisma«, durch das die arabische Welt die USA wahrnimmt; dieser ungelöste Konflikt spielt Iran und militanten Islamisten in die Hände.[3]

Unter Barack Obama gilt die Erwartung, eine Lösung des israelisch-arabischen Konflikts werde die Chancen Irans schwächen, die radikal-islamischen Organisationen Hamas und Hisbollah als Instrument eigener Einflußpolitik einzusetzen, und eine syrisch-israelische Verhandlungslösung werde Syrien aus dem Einflußbereich des Iran ziehen und so die Möglichkeiten der Eindämmung iranischer Machtausweitung

3 Vgl. zu dieser zentralen Rolle des Konflikts Cook, Steven A./Shibley Telhami, »Addressing the Arab-Israel conflict«, in: *Executive Summaries from Restoring the Balance. A Middle East Strategy for the Next President*, Washington, D.C.: Saban Center at Brookings/Council on Foreign Relations, S. 9 ff.

verbessern.[4] Die Stabilität des regionalen Konfliktsystems gilt durch einen nuklearwaffenfähigen Iran als gefährdet. Washington befürchtet vor allem einen nuklearen Rüstungswettlauf im Nahen und Mittleren Osten. Ein solcher könnte, wie Barack Obama in seiner Rede in Kairo im Juni 2009 warnte, »die Region und die Welt einen überaus gefährlichen Weg hinabführen«.[5]

Nicht die grundlegende Interessenlage der USA und die Bedrohungswahrnehmung haben sich unter Barack Obama verändert, sondern der ideologisch-konzeptionelle Rahmen und der strategische Ansatz. Die Nah- und Mittelost-Politik ist nicht länger in das Konzept des »Globalen Krieges gegen den Terror« eingebettet, Washington deutet die Konflikte nicht mehr alle im Rahmen einer grundlegenden Auseinandersetzung zwischen »Freiheit und Terror«, wie dies unter Präsident Bush bis zuletzt der Fall war. Mit der Rückkehr zur Rolle eines alle beteiligten Parteien fordernden Vermittlers im Nahost-Konflikt, der Einleitung einer Annäherung an Syrien und der Hinwendung zu einer Politik des konditionierten *engagement* gegenüber Iran erweitert Obama die amerikanische Gestaltungsmacht über jene Grenzen hinaus, die sich die Bush-Regierung mit ihrem halbherzigen, sporadischen Engagement im israelisch-palästinensischen Konflikt, der Isolation Syriens und der weitgehenden Auslagerung einer aktiven Iranpolitik auf die Europäer selbst gesetzt hatte.

4 Vgl. Katulis, Brian/Steve Bowden, »Multitasking in the Middle East«, in: *The Guardian* (6. November 2008).
5 »But it is clear to all concerned that when it comes to nuclear weapons, we have reached a decisive point. This is not simply about America's interests. It is about preventing a nuclear arms race in the Middle East that could lead this region and the world down a hugely dangerous path.« Obama, Barack, *Remarks on a New Beginning*, Kairo, 4. Juni 2009.

Das die gesamte amerikanische Nahostpolitik lange über-
schattende Thema Irak hatte schon bei Amtsantritt von Barack Obama an Virulenz verloren. Die Erfolge bei der Stabilisierung des Landes in der Spätphase der Ära Bush mochten
zwar prekär bleiben; sie eröffneten jedoch die Möglichkeit
einer innenpolitisch weithin unkontroversen Planung für den
Rückzug der 142 000 im Irak stationierten Soldaten. Frie-
densaktivisten waren zwar enttäuscht, doch unter Demokraten wie auch Republikanern im Kongreß überwog die
Zustimmung zu dem im Februar 2009 bekanntgegebenen
Vorhaben. Selbst Senator John McCain, mit dem Obama sich
im Wahlkampf noch harte Auseinandersetzungen über die
Irakpolitik geliefert hatte, gab dem Plan seine Unterstützung.[6] Schließlich hatte Obama auf die Bedenken der amerikanischen Militärs gehört und den Zeitplan im Vergleich
zu seiner Position im Wahlkampf etwas gestreckt: Erst nach
den für Januar 2010 erwarteten Parlamentswahlen im Irak,
wenn sich ein klareres Bild der weiteren Entwicklung ab-
zeichnen dürfte, ist der Abzug des größeren Teils der Truppen beabsichtigt. Bis zum August 2010 werden nach den
Vorstellungen Obamas die meisten amerikanischen Kampf-
truppen den Irak verlassen haben; danach sollen jedoch noch
bis zu 50 000 Soldaten im Land verbleiben – und zwar in
der Rolle von Beratern, zum Schutz von Diplomaten und
amerikanischen Zivilisten und zur Bekämpfung terroristischer Kräfte. Auch einige Kampfeinheiten werden unter neuer Bezeichnung weiterhin für Sicherheit im Irak sorgen. Der

6 Vgl. Baker, Peter/Thom Shanker, »Obama's Iraq plan has December elections as turning point for pullout«, in: *The New York Times* (26. Februar
2009); DeYoung, Karen, »Obama sets timetable for Iraq«, in: *The Wash-*
ington Post (28. September 2009); Johnson, Matthew M., »Lawmakers
voice bipartisan support for Iraq withdrawal plan«, in: *Congressional*
Quarterly Today (27. Februar 2009).

vollständige Rückzug soll bis Ende 2011 abgeschlossen sein, wie es das noch unter Präsident Bush abgeschlossene amerikanisch-irakische Truppenstationierungsabkommen vorsieht.

Engagement im Nahost-Konflikt

George W. Bush hatte sich zwar 2002 als erster amerikanischer Präsident öffentlich für die Schaffung eines palästinensischen Staates ausgesprochen, doch seine Unterstützung dafür an einen Führungswechsel geknüpft, das heißt an die Entmachtung des Palästinenserführers Jassir Arafat.[7] Die Bringschuld für eine Friedensregelung wurde faktisch ganz den Palästinensern zugewiesen: Wenn eine neue Führung an die Macht käme, die konsequent gegen Terroristen vorginge, würden israelische Reaktionen und die Arbeit an einem Abkommen über den sogenannten Endstatus nicht auf sich warten lassen, in dem vor allem der Status Jerusalems, die Grenzen eines palästinensischen Staates und die Frage des Rückkehrrechts der palästinensischen Flüchtlinge zu regeln wären. Im Unterschied zu seinem als Vermittler gescheiterten Vorgänger Clinton wollte Bush kein politisches Kapital im Nahost-Konflikt einsetzen. Zu mehr als halbherzigem und sporadischem Engagement bei der Regelung des Nahost-Konflikts war Präsident Bush in seiner ersten Amtszeit nicht bereit. Das zeigte sich deutlich, als es um die Umsetzung der *road map* ging, jener Wegskizze zur Beilegung des Konflikts, die die vier im sogenannten Quartett zusammengekommenen Parteien (USA, EU, Rußland, VN) Ende April

7 Zum Folgenden vgl. Rudolf, *Imperiale Illusionen*, S. 142-160.

2003 präsentiert hatten. Nach dem Tod Arafats im November 2004 und dem Rückzug Israels aus dem Gaza-Streifen im Sommer 2005 schien sich zwar ein »Fenster der Gelegenheit« zu öffnen; doch Bush blieb den Prämissen seiner Politik treu: Wirkliche Fortschritte könnten nur die Konfliktparteien selbst erzielen; die USA seien nicht in der Lage, Lösungen durchzusetzen oder zu erzwingen, sondern nur dazu, den Prozeß unterstützend voranzubringen – weniger im Sinne eines Vermittlers, sondern eher als eine Art *supervisor*.

Erst als Präsident Bush in seinen beiden letzten Amtsjahren eine gegen Iran gerichtete Koalition schmieden wollte, schien die Regelung des Nahostkonflikts für die US-Außenpolitik an Bedeutung zu gewinnen. Dem lag die Einschätzung des Außenministeriums unter Condoleezza Rice zugrunde, dieser Konflikt stelle ein Hindernis für die Bildung einer Koalition gegen Teheran dar. Die späte Bereitschaft, eine aktive Rolle im Nahost-Konflikt zu spielen, ging mit einem ausgeprägten Zweckoptimismus einher, schließlich war die politische Konstellation alles andere als günstig: Die israelische Regierung war schwach, die palästinensische Seite zwischen Fatah und Hamas zerrissen, die nach der Machtübernahme der Hamas im Gazastreifen von Präsident Mahmud Abbas im Juni 2007 eingesetzte Regierung in ihrem Einfluß auf das Westjordanland beschränkt.

Mit der im November 2007 in Annapolis abgehaltenen Konferenz wollte die Bush-Regierung einen zweigleisigen Prozeß in Gang setzen: zum einen Verhandlungen zwischen israelischer Regierung und palästinensischer Autorität über ein Endstatusabkommen, zum anderen die Umsetzung der ersten Phase der *road map*. Aufgrund der Spaltung zwischen der den Gazastreifen beherrschenden Hamas und der das

Westjordanland kontrollierenden Fatah war der Abschluß einer Vereinbarung von vornherein extrem unwahrscheinlich; doch die Wiederaufnahme eines formalisierten Dialogs zwischen israelischer Regierung und palästinensischer Autorität war ein vertrauensbildender Fortschritt. Auf dem zweiten Gleis ging es um die Verbesserung der Chancen für ein Endstatusabkommen. Die Ausbildung und Stärkung der palästinensischen Sicherheits- und Polizeikräfte durch USA und EU und die Verbesserung der wirtschaftlichen Situation im Westjordanland standen im Zentrum, um so die Voraussetzungen dafür zu schaffen, daß eine auf breite Zustimmung gestützte palästinensische Regierung wirkungsvolle Kontrolle über ihr Territorium ausüben und israelische Sicherheitserfordernisse erfüllen kann. Mit diesen Initiativen in der Westbank wollte Washington natürlich auch den Status der dortigen Fatah-Regierung gegenüber der Hamas stärken. Von Israel hatte man in der ersten Stufe der *road map* das Einfrieren der Siedlungsaktivitäten und die Räumung der sogenannten illegalen Außenposten gefordert – doch dieser Verpflichtung kam Israel auch im Rahmen des auf der Annapolis-Konferenz angestoßenen Prozesses nicht nach.[8] Die Zahl der israelischen Siedler im Westjordanland (Ostjerusalem nicht eingeschlossen) hat sich seit Anfang der neunziger Jahre, als der israelisch-palästinensische Friedensprozeß begann, auf rund 300 000 verdreifacht.

Als Präsident Barack Obama das Amt antrat, drohte die Zeit für eine Zwei-Staaten-Lösung zu schwinden. Auf seiten beider Konfliktparteien, der Palästinenser und der Israelis, waren die Zweifel an den Aussichten für eine solche Lösung gewachsen. Innerhalb der palästinensischen Elite war

8 Zur Bewertung vgl. Brom, Shlomo, »The Annapolis process. A profit-loss balance sheet«, in: *Strategic Assessment*, 11/3, Januar 2009, S. 53-64.

längst die Frage laut geworden, ob staatliche Selbstbestimmung noch ein realistisches Ziel sein könne, ob die Alternative nicht vielmehr gleiche Rechte in einem binationalen Staat seien, wenn die israelische Siedlungspolitik nicht zu einem Ende käme. Ein Israel unter Einschluß des Westjordanlands – das wäre in 20 Jahren vermutlich ein Staat mit einer jüdischen Minderheit, da die Wachstumsrate unter der arabischen Bevölkerung höher liegt. Ohne das vermittelnde Engagement der USA – daran konnte es kaum mehr Zweifel geben – waren jene Zugeständnisse beider Seiten nicht zu erwarten, die für die Umsetzung der Zwei-Staaten-Lösung unverzichtbar sind.[9]

In den USA zog man daraus unterschiedliche Konsequenzen. Zwei »Denkschulen« waren zu erkennen.[10] Vertreter eines Neuansatzes, wie etwa die früheren Sicherheitsberater Brent Scowcroft und Zbigniew Brzezinski, sahen den inkrementellen, auf vertrauensbildende Maßnahmen setzenden Ansatz – manche sprechen vom »Oslo-Paradigma« – als gescheitert an, die Aussicht auf eine Zwei-Staaten-Lösung als düster – solange die USA nicht direkt mit eigenen Vorschlägen und entsprechendem Druck und energischer Überzeugung auf die Konfliktparteien einwirken. Andere wie etwa Dennis Ross, seit Sommer 2009 unter Obama im Weißen Haus für die *Central Region* zuständig, für den Krisenbogen vom Nahen Osten bis Pakistan, sahen unter den ge-

---

9 Vgl. Kitfield, James, »In Arab-Israeli conflict, prospects seem dimmer«, in: *National Journal* (28. März 2009); zu der schon aufgrund der Machtasymmetrie zwischen Israel und den Palästinensern notwendigen Vermittlungsrolle der USA vgl. Kurtzer, Daniel/Scott B. Lasensky, *Negotiating Arab-Israeli Peace. American Leadership in the Middle East*, Washington, D. C.: United States Institute of Peace Press 2008.
10 Vgl. Zanotti, Jim, *Israel and the Palestinians. Prospects for a Two-State Solution*, Washington, D. C.: Congressional Research Service, 10. Dezember 2008, S. 17 ff.

gebenen Bedingungen – insbesondere aufgrund der Spaltung zwischen Fatah und Hamas und der Kontrolle des Gaza-Streifens durch die Hamas – keine Chance, die Konfliktparteien zu einer dauerhaften Lösung zu bewegen. Die USA sollten sich aus dieser Sicht darauf konzentrieren, die Situation vor Ort zu verbessern – etwa durch Kooperation zwischen Israel und Fatah im Bereich der Sicherheit. Mit solchen Maßnahmen könne man zumindest Zeit gewinnen. Einstweilen solle der neue amerikanische Präsident die Grundlagen eines fairen und gerechten Friedens deutlich benennen, Druck auf Israel ausüben, die Siedlungsaktivität zu stoppen, und zusammen mit anderen Staaten den Lebensstandard der Palästinenser verbessern.

Berichten zufolge waren die Berater Präsident Obamas unterschiedlicher Auffassung in der Frage, ob die USA trotz ungünstiger Voraussetzungen entschieden und frühzeitig auf eine endgültige Regelung zusteuern sollten, das heißt, ob sie feste Vorstellungen für die Lösung des Konflikts unterbreiten und dann Druck auf die Beteiligten ausüben sollten – und dabei einen Fehl- und Rückschlag riskieren sollten. Obama, das wurde zumindest kolportiert, schien instinktiv einem solchem Ansatz zuzuneigen. Zumindest ließ Barack Obama die Botschaft aussenden, er wolle in der Nahostpolitik schnelle Ergebnisse und keinen Verhandlungsprozeß, der sich durch seine Präsidentschaft hindurchschleppe.[11] Doch in den ersten Monaten ging es erst einmal darum, die Neujustierung der amerikanischen Nahostpolitik und die Bereitschaft zur Übernahme einer glaubwürdigen Vermittlerrolle zu demonstrieren und über einen komplexen diplomatischen Prozeß die Voraussetzungen für eine später von

11 Vgl. Richter, Paul, »President Obama's first test on Middle East peace«, in: *Los Angeles Times*, (18. Mai 2009).

den USA voranzutreibende Verhandlungsinitiative zu verbessern: So sollte Israel dazu bewegt werden, die Erweiterung
jüdischer Siedlungen in den besetzten Gebieten zu stoppen –
und zwar im Austausch gegen Schritte arabischer Staaten auf
dem Weg zu einer Normalisierung der Beziehungen mit Israel.

Bereits kurz nach Obamas Amtsantritt untermauerten
einige Gesten die erklärte Absicht, sich »aktiv und aggressiv«
für einen Frieden im Nahen Osten zu engagieren. Einer der
ersten Anrufe Präsident Obamas bei einem ausländischen
Politiker galt Mahmud Abbas; das erste Fernsehinterview
gab er dem arabischen Sender Al-Arabiya; eine der ersten
außenpolitisch relevanten Ernennungen war die von George
Mitchell, dem früheren Senator und Vermittler im nordiri-
schen Friedensprozeß, zum Sondergesandten für den Nahen
Osten. Präsident Obama zeigte öffentlich Empathie nicht
nur für die Bedrohung, der sich Israel ausgesetzt sieht, sondern – sehr deutlich in seiner Rede in Kairo – auch für die
»täglichen Erniedrigungen« in den besetzten Gebieten, die
»unerträgliche« Situation der Palästinenser und für das »legitime palästinensische Streben nach Würde, Chancen und
einen eigenen Staat«.[12] Er rief beide Konfliktparteien auf,
ihren Verpflichtungen aus der *road map* nachzukommen.
Von den arabischen Staaten forderte er, sie sollten den Palä-

---

12 »Many wait in refugee camps in the West Bank, Gaza, and neighboring
    lands for a life of peace and security that they have never been able to lead.
    They endure the daily humiliations – large and small – that come with
    occupation. So let there be no doubt: the situation for the Palestinian
    people is intolerable. America will not turn our backs on the legitimate
    Palestinian aspiration for dignity, opportunity, and a state of their own.«
    Obama, Barack, *Remarks on a New Beginning*, Kairo, 4. Juni 2009, on-
    line verfügbar unter: ⟨http://www.whitehouse.gov/the_press_office/Re
    marks-by-the-President-at-Cairo-University-6-04-09/⟩ (Stand: August
    2009).

stinensern beim Aufbau staatlicher Institutionen helfen und die Legitimität Israels anerkennen.

Zu den Verpflichtungen der *road map* gehört der Stopp des Siedlungsbaus.[13] In dieser Frage fährt Obama eine härtere Linie als sein Vorgänger, unterstützt wird er dabei von Mitgliedern des Kongresses, einschließlich des ausgesprochen israelfreundlichen Vorsitzenden des Unterausschusses für den Nahen Osten des House Foreign Affairs Committee, Gary L. Ackerman. Alle Siedlungsaktivitäten müßten eingestellt werden, das gelte auch für das »natürliche Wachstum« bestehender Siedlungen. Obama fühlt sich somit nicht an ein angebliches Zugeständnis von Präsident Bush aus dem Jahr 2004 gebunden.[14] Innenpolitisch ist Obamas Position wenig riskant, zumal die israelische Siedlungspolitik unter jüdischen Amerikanern auf keine große Sympathie trifft. Es ist zudem ein Bereich, in dem die USA tatsächlich Einfluß

13 Von Lyndon B. Johnson bis Jimmy Carter haben amerikanische Präsidenten die jüdischen Siedlungen in den besetzten Gebieten als völkerrechtlich illegal bezeichnet; denn die vierte Genfer Konvention von 1949 verbietet es einer Besatzungsmacht, Teile der eigenen Bevölkerung in besetzten Gebieten anzusiedeln. Unter Präsident Ronald Reagan endete die Bezeichnung als illegal, auch wenn die Ausdehnung der Siedlungen weiter kritisiert wurde; nachfolgende Regierungen sprachen meist von einem »Hindernis für den Frieden«.

14 Bush gestand zu, daß einige der größeren Siedlungen Teil Israels würden, eine Übereinkunft, die angeblich auch das amerikanische Einverständnis zu einem weiteren Ausbau dieser Siedlungen einschloß, sofern es dafür auf dem Markt eine nichtsubventionierte Nachfrage gäbe. Eine schriftliche Vereinbarung über die Akzeptanz natürlichen Wachstums existierte es jedoch nicht, und nach Auffassung eines hochrangigen ehemaligen Mitarbeiters der Bush-Regierung wurde eine vorläufige Einigung nie in den Details ausgearbeitet. Außenministerin Hillary Clinton stellte denn auch fest, daß in den offiziellen amerikanischen Akten nichts über eine informelle oder mündliche Vereinbarung über das »natürliche Wachstum« zu finden sei. Vgl. Kessler, Glenn/Howard Schneider, »U. S. urges Israel to end expansion«, in: *The Washington Post* (24. Mai 2009); Bronner, Ethan, »Israelis say Bush agreed to West Bank growth«, in: *The New York Times* (4. Juni 2009).

nehmen können, etwa durch die Kürzung der finanziellen Hilfe für Israel.[15] Das Weiße Haus nahm offenbar an, Netanjahu sei politisch zu schwach, um eine Konfrontation mit den USA durchzuhalten. In diesem Falle könne seine Koalition zerbrechen, deshalb müsse er zu Kompromissen bereit sein.[16] Noch im Sommer 2009 war auf israelischer Seite ein Verzicht auf den weiteren Siedlungsausbau nicht zu erkennen. Jerusalem signalisierte lediglich die Bereitschaft, den Siedlungsbau im Westjordanland für drei bis sechs Monate einzufrieren, doch bereits begonnene Baumaßnahmen sollten fortgesetzt werden. In der Frage weiterer jüdischer Wohnungsbauten im besetzten Teil Jerusalems gab sich der israelische Ministerpräsident kompromißlos: Das vereinigte Jerusalem sei die Hauptstadt des jüdischen Volkes und des Staates Israel.[17] Immerhin war es amerikanischem Druck zu verdanken, daß Netanjahu im Juni 2009 von der Möglichkeit eines palästinensischen Staates sprach. Er knüpfte daran jedoch derart hohe Auflagen, daß es sich dabei lediglich um ein taktisches Zugeständnis handelte, nicht aber um einen Positionswechsel, der weitere Verhandlungen leichter macht: Es müsse, so lauteten die Bedingungen, ein demilitarisierter Staat

15 Die amerikanische Gesetzgebung sieht vor, daß die Regierung amerikanische Kreditgarantien um jenen Betrag reduzieren kann, den die israelische Regierung für Siedlungen in den besetzten Gebieten ausgibt. Die letzte Reduktion erfolgte übrigens 2003.

16 Vgl. Bronner, Ethan, »Obama pins Mideast hope on limiting settlements«, in: *The New York Times* (6. Juni 2009); Ignatius, David, »Obama tugs at the settlement knot«, in: *The Washington Post* (4. Juni 2009); Kessler, Glenn/Michael D. Shear, »Obama's friends, aides help shape stance on settlements«, in: *The Washington Post* (13. Juni 2009); Ignatius, David, »What a freeze can't do«, in: *The Washington Post* (28. Juni 2009).

17 Vgl. Bronner, Ethan, »Israel said to be open to settlement freeze«, in: *The New York Times* (29. Juni 2009); Schneider, Howard, »Netanyahu upholds plan to build in Jerusalem«, in: *The Washington Post* (20. Juli 2009).

ohne Armee und Kontrolle über den Luftraum sein, welcher zudem Israel als jüdischen Staat anerkenne.[18]

Ein »Einfrieren« des Siedlungsbaus sollte arabische Staaten zu Gesten guten Willens gegenüber Israel bewegen, zu Schritten auf dem Weg zu einer Normalisierung der Beziehungen. Das alles folgte der Logik kleiner vertrauensbildender Maßnahmen – in der Erwartung, die Voraussetzungen für das *endgame* einer Konfliktregelung zu verbessern. Doch dieser Ansatz blieb erfolglos, so daß Barak Obama im September 2009 die beiden Konfliktparteien eindringlich zur baldigen Aufnahme von Verhandlungen über die, wie er es nannte, Fragen des »permanenten Status« aufforderte, also darüber, wie die Sicherheit der Israelis und der Palästinenser gewährleistet werden könne, über die Grenzen eines palästinensischen Staates, die Flüchtlingsfrage und den Status Jerusalems.[19]

Wenn es auf Initiative Obamas zu Verhandlungen über den Endstatus kommen sollte, dann stellt sich die Frage der direkten oder indirekten Einbeziehung der radikal-islamischen Hamas. Ohne deren Einbindung ist keine belastbare politische Einigung zwischen Israel und den Palästinensern möglich. Direkte Kontakte zwischen USA und Hamas dürfte es vermutlich so schnell nicht geben, nicht zuletzt, weil die Hamas auf der amerikanischen Terrorliste steht und amerikanischen Offiziellen der Kontakt zu dieser Organisation gesetzlich verboten ist.[20] Wenn eine palästinensische Ein-

---

18 Vgl. Kershner, Isabel, »Netanyahu backs Palestinian state, with caveats«, in: *The New York Times*, (15. Juni 2009); Kershner, Isabel, »Netanyahus's talk of peace finds few true believers«, in: *The New York Times* (20. Juli 2009).

19 Vgl. Shear, Michael D./Glenn Kessler, »Obama presses Mideast leaders to broaden talks«, in: *The Washington Post* (23. September 2009).

20 Vgl. Zanotti, *Israel and the Palestinians*, S. 18-22; »America and Israel.

heitsregierung mit Hamas-Mitgliedern zustande käme, stünde Obama vor der Alternative, diese entweder an ihren Taten zu messen und entsprechend flexibel zu reagieren oder eine solche Regierung nach ihrer ideologischen Ausrichtung zu beurteilen. Zu den gesetzlichen Beschränkungen, unter denen der Präsident agieren muß, zählt auch ein Verbot direkter Hilfe an jede palästinensische Regierung, die Mitglieder der Hamas einschließt. Obama möchte sich die Möglichkeit offenhalten, eine Einheitsregierung von Fatah und Hamas finanziell zu unterstützen, sollte diese die drei folgenden Bedingungen erfüllen: Gewaltverzicht gegenüber Israel, Anerkennung Israels, Einhaltung bestehender Vereinbarungen. Ein entsprechender Passus war im Entwurf eines Ergänzungshaushaltsgesetzes enthalten. Zudem sollte der Präsident die Möglichkeit bekommen, auch einer Einheitsregierung, die diese Bedingungen nicht erfüllt, finanzielle Unterstützung für festgelegte, begrenzte Zwecke zu gewähren, etwa zur Verstärkung von Grenzkontrollen und der Förderung der Rechtsstaatlichkeit. Dieser Wunsch nach Flexibilität stieß jedoch bei der Israel-Lobby und im Kongreß auf großes Unbehagen. In der vom Repräsentantenhaus Anfang Mai 2009 verabschiedeten Version des genannten Gesetzes hieß es dann, alle Minister in einer Einheitsregierung müßten die drei Bedingungen anerkennen. Damit sollte der Druck auf die Hamas, ihre Position zu ändern, aufrechterhalten werden.[21]

Will the relationship change? Yes it can«, in: *The Economist* (12. Februar 2009).

21 Vgl. Graham-Silverman, Adam, »Bid to ease conditions on aid to Palestinians faces tough scrutiny«, in: *Congressional Quarterly Today* (17. April 2009); Graham-Silverman, Adam, »Competing Pro-Israel groups claim credit for policy change on Palestinian aid«, in: *Congressional Quarterly Today* (8. Mai 2009).

Präsident Obama muß bei seinem Engagement im Nah-ost-Konflikt und seinem Ansatz der *tough love* gegenüber Israel, wie er manchmal treffend bezeichnet wird, mit Kritik und Gegenwind im eigenen Land rechnen.[22] Innenpolitischer Widerstand gegen außenpolitische Initiativen läßt sich am ehesten überwinden, wenn es um Fragen nationaler Sicherheit geht. Die Regierung Obama verknüpft die Regelung des Nahost-Konflikts mit der Eindämmung Irans und macht es damit Kritikern schwerer. So argumentierte Vizepräsident Joseph Biden auf der Jahreskonferenz des American Israel Public Affairs Committee (AIPAC), der führenden proisraelischen Organisation, die Fortdauer des israelisch-palästinensischen und des israelisch-arabischen Konfliktes stärke die »strategische Position« Irans.[23] Einer der wichtigsten Gründe für eine Lösung der beiden Konflikte sei es, Iran die Möglichkeit zu nehmen, diese für die Ausweitung seines Einflusses zu nutzen.

Annäherung an Syrien

Nach der Wahl Obamas galt unter amerikanischen Nahost-Experten ein israelisch-syrisches Friedensabkommen als die

22 Angemerkt sei: Mit der 2008 gegründeten Lobbyorganisation »J Street« haben sich jüdische Liberale zu Wort gemeldet, die für Israel und für Frieden eintreten und nicht davor zurückscheuen, israelische Politik und israelische Politiker zu kritisieren – und zwar weil sie glauben, daß Israel im Interesse langfristigen Überlebens zu einer fairen Lösung mit den Palästinensern gebracht werden muß; vgl. Eggen, Dan, »New liberal jewish lobby quickly makes its mark«, in: *The Washington Post* (17. April 2009).

23 Biden, Joseph, »Rede auf der AIPAC Policy Conference 2009«, 5. Mai 2009, S. 4, online verfügbar unter: ⟨http://www.aipac.org/Publications/SpeechesByPolicymakers/VicePresidentBidenPC09.pdf⟩ (Stand: August 2009).

»niedrig hängende Frucht«, die die neue Regierung am ehesten im Nahen Osten pflücken könne.[24] Denn zwischen Israel und Syrien waren mit türkischer Hilfe seit geraumer Zeit Gespräche über das strittige Thema der von Israel 1967 besetzten, 1981 faktisch annektierten Golan-Höhen im Gange. Im Grundsatz konnte man sich offenbar auf die Normalisierung der diplomatischen Beziehungen einigen; auch gab es Fortschritte bei einigen der schwierigen Detailfragen. Nach Beginn der israelischen Militärintervention gegen die Hamas im Gaza-Streifen Ende Dezember 2008 erklärte der syrische Präsident Assad die Gespräche allerdings für beendet. Doch Damaskus zeigte bald nach dem am 18. Januar 2009 von Israel erklärten Waffenstillstand wieder Interesse an Gesprächen. Der Abschluß eines Vertrages wäre erst der Auftakt eines langjährigen Friedensprozesses; allein die Rückführung der israelischen Siedler vom Golan benötigt nach Expertenmeinung drei bis fünf Jahre. Die Umsetzung einer vertraglichen Lösung scheint daher aus syrischer Sicht eine direkte Rolle der USA in diesem Prozeß zu erfordern. Die USA haben offenbar einen Entwurf für die Lösung der mit der Rückgabe des Golan an Syrien verbundenen Probleme vorgelegt. Dabei geht es unter anderem darum, wie die Rechte an dem für Israel so wichtigen Wasser des Golan geregelt werden.[25]

Für die USA würde eine syrisch-israelische Vereinbarung die Chance eröffnen, Syrien aus dem Einflußbereich Irans zu ziehen und eine strategische Neustrukturierung der geopolitischen Konstellation im Nahen und Mittleren Osten

---

24 So unter anderen Miller, Aaron David, »Start with Syria«, in: *The Washington Post* (26. November 2008).
25 Vgl. »Vorschlag der USA zur Rückgabe des Golans«, in: *Neue Zürcher Zeitung* (4. Juli 2009).

einzuleiten. Syrien ist ein Schlüsselfaktor im Schnittfeld zweier Konfliktlinien: des Machtkonflikts mit Iran und des arabisch-israelischen Konflikts. Eine Annäherung an Syrien könnte den Druck auf Iran erhöhen, ernsthaft auf das amerikanische Verhandlungsangebot einzugehen; sie würde arabischen Staaten und moderaten Palästinensern politischen Flankenschutz bei Verhandlungen mit Israel gewähren und nicht zuletzt Druck auf die Hamas ausüben, ihre Position gegenüber Israel zu mäßigen.[26]

Den Politikwechsel gegenüber Syrien hat Barack Obama sehr vorsichtig eingeleitet; erste Kontakte nahmen Mitglieder des Kongresses, darunter Senator John Kerry, bei einer Reise in den Nahen Osten auf. Im Juni 2009 gab Washington die Absicht bekannt, wieder einen Botschafter nach Syrien zu entsenden. Die Bush-Regierung hatte den Botschafter 2005 aus Protest gegen die vermutete syrische Verwicklung in die Ermordung des ehemaligen libanesischen Ministerpräsidenten Rafik Hariri abgezogen. Der Politik der Annäherung entspricht die Bereitschaft Obamas, die Sanktionen leicht zu lockern, soweit er dazu im geltenden gesetzlichen Rahmen überhaupt in der Lage ist.[27] Syrien, das seit 1979 auf der Liste der den Terrorismus unterstützenden Staaten steht, unterliegt nämlich einer Vielzahl amerikanischer Sanktionsgesetze. Dazu kommt noch der speziell für Syrien geltende, 2003 verabschiedete »Syria Accountability Act«. Danach sind

26 Hierzu und im folgenden vgl. Hersh, Seymour M., »Syria calling«, in: *The New Yorker* (6. April 2009); Landler, Mark, »Syria talks signal new direction for U. S.«, in: *The New York Times* (4. März 2009); Brody, Julian, »The United States' attention turns to Syria«, in: *Israel Policy Forum (IFP) Focus*, (15. Juli 2009).

27 Vgl. Otterman, Sharon, »U. S. opens way to ease sanctions against Syria«, in: *The New York Times*, (9. Juli 2009); generell zu den Sanktionen vgl. Sharp, Jeremy M., *Syria. Background and U. S. Relations*, Washington: Congressional Research Service, 26. Februar 2008.

amerikanische Exporte nach Syrien mit wenigen Ausnahmen verboten; der Präsident kann allerdings, wie es in amerikanischen Sanktionsgesetzen meist der Fall ist, Sanktionen im Einzelfall und für bestimmte Kategorien von Gütern aus Gründen der nationalen Sicherheit aussetzen. Doch solange Damaskus die Unterstützung für Hisbollah und Hamas nicht einstellt, wird Obama die für Syrien attraktiven wirtschaftlichen Anreize nur sehr dosiert einsetzen können.

Entspannungsangebot an Iran

Barack Obama erbte drei Jahrzehnte amerikanisch-iranischer Beziehungen, die schwieriger kaum hätten sein können.[28] Nach der islamischen Revolution 1979 schien ein Alptraum amerikanischer Außenpolitik Wirklichkeit geworden zu sein: das Entstehen eines islamischen Staates, der die regionale Ordnung bedroht, den arabisch-israelischen Friedensprozeß ablehnt, den Terrorismus unterstützt und zu dessen ideologischem Grundverständnis die Gegnerschaft gegen die USA gehört, gegen das Land also, das 1953 seine Hände beim Sturz der gewählten iranischen Regierung im Spiel und jahrelang die Schah-Diktatur unterstützt hatte. Doch es wurde noch schlimmer: Iran schien unaufhaltsam nach der Atombombe zu streben. Der erste Verdacht kam Anfang der neunziger Jahre auf. Seit 2002 kann kein Zweifel mehr bestehen: Iran errichtet mittels des Ausbaus seines zivilen Nuklearprogramms, das nach den Bestimmungen des Nichtverbreitungs-

---

28 Zur Entwicklung und den Problemen amerikanischer Iranpolitik vgl. Rudolf, Peter, *Imperiale Illusionen*, S. 118-142; zum gesamten Komplex Iran vgl. Perthes, Volker, *Iran – Eine politische Herausforderung. Die prekäre Balance von Vertrauen und Sicherheit*, Frankfurt am Main: Suhrkamp 2008.

vertrags an sich legal ist, zumindest die Infrastruktur, die die »nukleare Ausbruchsfähigkeit« ermöglicht – also den Bau von Atomwaffen innerhalb einer recht kurzen Zeitspanne.[29]

Der vermutete iranische Griff nach der atomaren Fähigkeit prägte unter Präsident Bush mehr und mehr die amerikanische Politik im Umgang mit Iran. Die islamische Republik – so die amerikanische Sicht – will ein gegen die USA gerichtetes Abschreckungspotential aufbauen und die Vorherrschaft am Persischen Golf erlangen. Das zeigt sich nach Einschätzung der US-Geheimdienste nicht nur im Streben nach Atomwaffen, sondern auch beim Ausbau der konventionellen Streitkräfte. Die Fähigkeit zu terroristischen Operationen wurde als weiteres Element dieser Strategie betrachtet. In seiner Rede vom 5. September 2006 bezeichnete Präsident Bush den Iran als einen Gegner, der seine »absolute Feindschaft« gegenüber den USA offen erklärt habe:

»Wie al-Qaida und die sunnitischen Extremisten hat das iranische Regime klare Ziele. Sie wollen Amerika aus der Region vertreiben, Israel zerstören, und den weiteren Mittleren Osten [»broader Middle East«] beherrschen. [...] Das iranische Regime und seine terroristischen Stellvertreter haben

29 Laut dem letzten, im Dezember 2007 veröffentlichten *National Intelligence Estimate* zum iranischen Atomprogramm, einer gemeinsamen Analyse der US-Nachrichtendienste, hat der Iran mit hoher Gewißheit bis Herbst 2003 an einem geheimen Nuklearwaffenprogramm gearbeitet, das heißt am Design von Atomwaffen und an der Urankonversion und -anreicherung – im Unterschied zur offen erklärten »zivilen« Urananreicherung, um die es in dem gegenwärtigen Atomstreit mit Iran geht. Mit »mäßiger bis hoher Gewißheit« wurde geschlossen, daß Teheran sich zumindest die Option offenhält, Atomwaffen zu entwickeln. Die wissenschaftlichen, technischen und industriellen Fähigkeiten zur Herstellung von Atomwaffen besitze das Land. Vgl. Rudolf, Peter, *Das »National Intelligence Estimate« zur iranischen Atompolitik. Hintergründe, Kontroversen, Folgen*, Berlin: Stiftung Wissenschaft und Politik, Januar 2008, SWP-Aktuell A 02.

ihre Bereitschaft demonstriert, Amerikaner zu töten, und jetzt strebt das iranische Regime nach Nuklearwaffen.«[30]

Die Regierung Bush wollte den Iran daran hindern, Atomwaffen zu erwerben und die Vorherrschaft am Persischen Golf zu übernehmen – und zwar mit einer Konfrontationspolitik, die sich aller Mittel unterhalb der Schwelle eines Krieges bediente. Diese Politik beruhte auf der Erwartung, die iranische Führung werde in der Nuklearfrage erst dann nachgeben, wenn Iran an vielen Stellen getroffen werde und so dort die Wahrnehmung wachse, verwundbar zu sein. Eine zentrale Rolle spielte dabei wirtschaftlicher Druck. Da die USA ihre eigenen Sanktionsmöglichkeiten gegen Iran seit langem erschöpft hatten, war Washington darauf angewiesen, andere Staaten zu schärferen Sanktionen zu bewegen. Dies sollten zielgenaue, sogenannte »intelligente« Sanktionen sein, die das Regime und seine führenden Vertreter unter Druck setzten, ohne dabei die iranische Bevölkerung zu sehr in Mitleidenschaft zu ziehen. Zum einen wollte die US-Regierung die finanzielle Handlungsfreiheit jener Personen und Institutionen einschränken, die an der Entwicklung nuklearer Technologie, der Unterstützung des Terrorismus und der Repression im Iran beteiligt waren. Zum anderen wollte sie den Zugang des Iran zu ausländischen Währungen und zu den internationalen Finanzmärkten behindern.

Die Politik der Ressourcenverweigerung war Element einer breiteren *coercive diplomacy*. Immer wieder war von Präsi-

---

30 »Like Al Qaida and the Sunni extremists, the Iranian regime has clear aims. They want to drive America out of the region, to destroy Israel, and to dominate the broader Middle East. ... The Iranian regime and its terrorist proxies have demonstrated their willingness to kill Americans, and now the Iranian regime is pursuing nuclear weapons.« So Präsident Bush in seiner Rede vom 5. September 2006 in Washington, online verfügbar unter: ⟨http://georgewbush-whitehouse.archives.gov/news/releases/2006/09/20060905-4.html⟩ (Stand: August 2009).

dent Bush und Vizepräsident Cheney zu hören, die USA hielten sich eine militärische Option offen. Das State Department unter Außenministerin Rice betonte dagegen immer wieder, ein militärischer Konflikt mit dem Iran sei weder »unvermeidlich« noch »wünschenswert«, und die Nuklearfrage müsse auf dem Verhandlungsweg gelöst werden. Die USA boten Verhandlungen an, die – so hieß es unbestimmt – nicht auf die Atomfrage beschränkt bleiben müßten. Die Bedingung dafür war jedoch die Aussetzung der Urananreicherung. Eine Fortführung des Atomprogramms parallel zu Gesprächen war für die Bush-Regierung nicht akzeptabel, weil sie befürchtete, Iran werde dann den diplomatischen Prozess hinauszögern, um sein Nuklearprogramm voranzutreiben.

Die Regierung Bush setzte also darauf, durch Drohungen und Sanktionen die Diskussionen und Entscheidungen im Iran zu beeinflussen. Sie ließ die vielfältigen Möglichkeiten weithin ungenutzt, über Anreize und Entspannungsangebote auf Teheran einzuwirken. Zudem war die Forderung nach konkreten Änderungen der iranischen Politik in eine Rhetorik eingebettet, die vermuten ließ, die USA strebten als eigentliches Ziel einen Regimewechsel in Teheran an. Gegen Ende der Ära Bush war die amerikanische Iranpolitik in eine Sackgasse geraten. Ein hartes Sanktionsregime war international nicht durchsetzbar, Iran ließ sich nicht von der Urananreicherung abbringen.

Doch gab es in der amerikanischen Diskussion immer wieder Vorschläge zu einer flexibleren Politik, welche die Eindämmungsstrategie ergänzen oder langfristig ablösen sollte. Diese Vorschläge beruhten auf der Annahme, Eindämmung und Druck könnten das iranische Verhalten nicht entscheidend verändern und militärische Optionen seien illusorisch, weil sie das Atomprogramm allenfalls verzögern, das Regime jedoch gleichzeitig stärken würden. Nur ein strategischer Neuansatz in Richtung einer umfassenden Politik des *engagement* sowie das Angebot zur Normalisierung der Beziehungen könnten die Debatten und Entscheidungskalküle im Iran beeinflussen und langfristig den Regimewandel fördern. Die USA sollten daher ihre Bereitschaft zu direkten Gesprächen mit minimalen Vorbedingungen signalisieren – so lautete die Botschaft aus dem Umfeld der Demokratischen Partei, die sich Barack Obama dann zu eigen machte.

Sein Entspannungsangebot an Iran folgt der Politik der »ausgestreckten Hand« gegenüber autoritären Staaten, die er in seiner Inaugurationsrede ankündigte. Die »ausgestreckte Hand« ist nicht an Veränderungen im Inneren geknüpft, sondern an die Bereitschaft der angesprochenen Staaten, ihre »Faust zu öffnen«, sprich: ihr feindliches Verhalten zu ändern.[31] In seiner Videoansprache zum iranischen Neujahrsfest im März 2009 sandte Barack Obama diese neue Botschaft direkt an das Regime und das iranische Volk: Er machte sein Interesse an Verhandlungen über das gesamte Spektrum der zwischen USA und Iran konflikthaltigen Themen deutlich, er verzichtete gänzlich auf Drohungen und nannte die Islamische Republik Iran bei ihrem vollem Namen, was als eine Absage an eine Politik des Regimewechsels gedeutet werden konnte.[32] In seiner Kairoer Rede bekräftigte Barack Obama nochmals seine Absicht, »ohne Vorbedingungen auf

31 »To those who cling to power through corruption and deceit and the silencing of dissent, know that you are on the wrong side of history, but that we will extend a hand if you are willing to unclench your fist« (Obama, Barack, Inaugural Address, Washington, D. C., 21. Januar 2009, online verfügbar unter: ⟨http://www.whitehouse.gov/the_press_office/President_Barack_Obamas_Inaugural_Address/⟩ (Stand: August 2009))

32 Vgl. Cooper, Helene/Sanger, David E., »Obama's message to Iran is opening bid in diplomatic drive«, in: *The New York Times* (21. März 2009).

der Basis gegenseitigen Respekts« über die vielen strittigen Fragen in den von »Jahrzehnten des Mißtrauens« geprägten amerikanisch-iranischen Beziehungen zu sprechen.[33] Im Vorfeld der iranischen Präsidentschaftswahlen wollte er eine positive Botschaft aussenden. Entsprechend verzichtete Washington erst einmal darauf, nach härteren Sanktionen in der Atomfrage zu rufen. Wie die Reaktion der USA auf eine »geöffnete Faust« Irans aussehen würde, blieb jedoch eher vage.[34]

Mit einer veränderten deklaratorischen Politik, mit diesem rhetorischen Kontrastprogramm zu George W. Bush, versuchte Barack Obama, dem iranischen Regime das vertraute und gerne verwendete Feindbild Amerika zu entziehen. Diese Form »kluger Macht« brachte das iranische Regime in die Defensive. Ein pragmatischer konservativer Iraner formulierte die Wirkung der neuen US-Politik gegenüber einem amerikanischen Iranexperten so:

»Wenn Iran sich nicht mit einem amerikanischen Präsidenten vertragen kann, der Barack Hussein Obama heißt, jede Woche gegenseitigen Respekt predigt und uns Neujahrsgrüße sendet, dann ist es ziemlich offensichtlich, daß das Problem in Teheran liegt, und nicht in Washington.«[35]

33 »It will be hard to overcome decades of mistrust, but we will proceed with courage, rectitude and resolve. There will be many issues to discuss between our two countries, and we are willing to move forward without preconditions on the basis of mutual respect« (Obama, Barack, *Remarks on a New Beginning*, Kairo, 4. Juni 2009).

34 Vgl. Katzman, Kenneth, *Iran. U. S. Concerns and Policy Responses*, Washington, D. C.: Congressional Research Service, 14. April 2009, S. 36 f.

35 »If Iran can't make nice with a U. S. president named Barack Hussein Obama who's preaching mutual respect on a weekly basis and sending us noerooz greetings, it's pretty evident that the problem lies in Tehran, not Washington.« Zitiert von Sadjadpour, Karim, *Iran: Recent Developments and Implications for U. S. Policy, Statement before the U. S. House Committee on Foreign Affairs*, 22. Juli 2009, online verfügbar unter: ⟨http://foreignaffairs.house.gov/111/s_ad072209.pdf⟩ (Stand: August 2009).

Präsident Obama hielt auch dann noch an der Politik der »ausgestreckten Hand« fest, als die politische Krise im Iran in der Folge der Präsidentschaftswahlen im Juni 2009, die Massenproteste und die Repression ihn einem Dilemma aussetzten: Einerseits konnte er nicht zu den Entwicklungen im Iran schweigen, ohne heftige Kritik in den USA auf sich zu ziehen; andererseits hätte eine auch nur rhetorische Unterstützung für die Demonstranten auf Teherans Straßen den Verdacht genährt, die USA setzten nach wie vor auf den Sturz des Regimes. So äußerte Barack Obama zwar Besorgnis über die Unterdrückung der Proteste, packte sie aber in eine zurückhaltende Form und formulierte sie als Sorge um die Respektierung der Menschenrechte.[36] Er wollte den Eindruck amerikanischer Einmischung vermeiden, denn diese hätte nur der Regierungspropaganda in die Hände gespielt. Ein weiterer Grund für die Zurückhaltung war die Einschätzung, daß die USA es auch unter einer von Ahmadinejads Gegenkandidaten Moussavi geführten Regierung mit einem iranischen Regime zu tun hätten, das, wie Barack Obama es formulierte, »historisch den USA gegenüber feindlich eingestellt ist, das einige Probleme in der Nachbarschaft verursacht hat und das Atomwaffen anstrebt«.[37] In den USA war die Administration mit ihrer interessenorientierten realpolitischen Reaktion der Kritik jener Neokonservativer ausge-

36 Vgl. Kessler, Glenn, »U.S. struggling for right response to Iran«, in: *The Washington Post* (18. Juni 2009); Broder, Jonathan, »Neutral on Iran today for diplomacy tomorrow«, in: *Congressional Quarterly Weekly* (20. Juni 2009); Sanger, David E., »Despite crisis, policy on Iran is engagement«, in: *The New York Times* (6. Juli 2009).

37 »Either way, we were going to be dealing with an Iranian regime that has historically been hostile to the United States, that has caused some problems in the neighborhood and is pursuing nuclear weapons.« So Barack Obama, zitiert in: Zeleny, Jeff/Helene Cooper, »Obama warns against direct involvement by U.S. in Iran«, in: *The New York Times* (17. Juni 2009).

setzt, die nicht mit einem Erfolg der neuen Politik rechnen und auf einen Sturz des Regimes in Teheran hoffen.[38]

Nun liegt nach der iranischen Verfassung die eigentliche Entscheidungsgewalt in der Außen- und Sicherheitspolitik ohnehin nicht beim Präsidenten, sondern beim Obersten Führer Ajatollah Khamenei. In einem Anfang Mai 2009 an Ajatollah Khamenei übermittelten (offiziell zwar nicht bestätigten, aber auch nicht dementierten) Schreiben legte die US-Regierung offenbar ihr Angebot zur Kooperation in regionalen und bilateralen Fragen und zur Lösung des Nuklearstreites dar. Khamenei ließ vor den Präsidentschaftswahlen das Signal übermitteln, es werde noch im Sommer 2009 zu einer Reaktion Irans auf das amerikanische Verhandlungsangebot kommen.[39]

Die USA sind sowohl zu einem bilateralen Dialog ohne Vorbedingungen als auch zur Teilnahme an multilateralen Gesprächen bereit. Wenn bilaterale Gespräche begännen, dann wäre es nicht überraschend, wenn diese zunächst im Rahmen eines geheimgehaltenen *backchannel* anliefen. Im multilateralen Kontext gab es im Frühjahr 2009 erste amerikanisch-iranische Sondierungen zum Afghanistankonflikt. Im April 2009 erklärte Außenministerin Clinton, die USA würden sich fortan an den internationalen Verhandlungen über das iranische Atomprogramm im Rahmen des sogenannten P5+1-Prozesses beteiligen.[40] Unter Präsident Bush hatte nur einmal, im Juli 2008, ein ranghoher amerikanischer Diplomat an den Gesprächen dieser Gruppe teilgenommen, die aus den

---

38 Vgl. Krauthammer, Charles, »Obama clueless on Iran«, in: *Real Clear Politics* (19. Juni 2009).

39 Vgl. Slavin, Barbara, »U. S. contacted Iran's ayatollah before election«, in: *The Washington Times* (24. Juni 2009).

40 Vgl. DeYoung, Karen, »U. S. to join talks on Iran's nuclear program«, in: *The Washington Post* (9. April 2009).

fünf ständigen Mitgliedern des Sicherheitsrates plus Deutschland besteht, unterstützt von Javier Solana, dem Hohen Vertreter für die Gemeinsame Außen- und Sicherheitspolitik der EU. Die Situation war insofern etwas eigenartig, als die USA die neue Bereitschaft zum diplomatischen Engagement nicht an Vorbehalte geknüpft hatten, die offizielle Position der P5+1 aber lautete: Iran müsse während der Verhandlungen die Urananreicherung aussetzen.[41]

Wie die Umsetzung des Angebots in eine Verhandlungsstrategie aussehen sollte, war im Sommer 2009 allenfalls in Umrissen zu erkennen und wohl auch Gegenstand der Abstimmung mit den anderen Staaten im Rahmen der P5+1. Vermutlich wollte die Obama-Regierung wegen der Bedeutung der Nuklearfrage die Normalisierung der Beziehungen zu Iran und die Aufhebung der amerikanischen Sanktionen als Anreize einbringen. Die Vorgängerregierung hatte zwar »nukleare« Anreize angeboten, wie die Zusicherung der Lieferung nuklearen Brennmaterials; sie hatte jedoch die Normalisierung der Beziehungen mit dem gesamten Spektrum der amerikanisch-iranischen Konflikte verknüpft.

Die aus amerikanischer Sicht ideale Lösung – ein vollständiger Verzicht Irans auf die Anreicherung von Uran und die Wiederaufbereitung von Plutonium – war nach allen bisherigen Erfahrungen ein unrealistisches Ziel. Das wurde zwar von offizieller Seite so nie gesagt; doch blickt man auf das, was etwa Gary Samore, der für Nichtverbreitung zuständige Direktor im National Security Council, vor dem Amtsantritt Obamas geschrieben hat und was sonst noch im Expertenumfeld Obamas diskutiert wurde, dann ist diese Einsicht

---

41 Vgl. Sanger, David E., »U.S. may drop key conditions for talks with Iran«, in: *The New York Times* (14. April 2009).

deutlich zu erkennen.[42] Realistischerweise konnte man allenfalls mit einer zweitbesten oder drittbesten Lösung rechnen, bei der ein strenges Überwachungs- und Inspektionsregime sichergestellt wäre, die begrenzte Urananreicherung auf iranischem Boden jedoch hingenommen werden müßte, sei es in Form iranischer Anreicherung unter strengen Sicherungsmaßnahmen, sei es in Form »internationaler« Anreicherung auf iranischem Boden, etwa durch ein internationales Konsortium. Die erste Möglichkeit scheint die Regierung Obama ausgeschlossen zu haben, die zweite will sie möglicherweise offenhalten. So zumindest läßt sich die Botschaft deuten, die Außenministerin Clinton über den Fernsehsender NBC an die iranische Führung richtete:

»Sie haben ein Recht, die friedliche zivile Nutzung nuklearer Energie zu betreiben. Sie haben kein Recht, eine Nuklearwaffe zu erwerben. Sie haben nicht das Recht auf den vollen

---

42 Hierzu und im folgenden Riedel, Bruce/Gary Samore, »Managing nuclear proliferation in the Middle East«, in: Haass, Richard N./Martin S. Indyk (Hg.), *Restoring the Balance. A Middle East Strategy for the Next President*, Washington, D. C.: Brookings Institution Press 2008, S. 93-129; Miller, James N./Christine Parthemore/Kurt M. Campbell, *Game-Changing Diplomacy. A New American Approach to Iran*, Washington: Center for a New American Security, 2008. Dennis Ross, zunächst im Außenministerium für die Entwicklung der Iran-Strategie verantwortlich, dann ab Sommer 2009 als Senior Director im Weißen Haus für die vom Nahen Osten bis nach Pakistan reichende *Central Region* zuständig, hatte 2008 für einen »hybriden Ansatz« plädiert, der eine Politik des Engagements ohne Vorbedingungen mit der Verstärkung wirtschaftlichen Drucks verbindet. Den Europäern soll die Bereitschaft der USA zu vorbedingungslosen Gesprächen mit Iran angeboten werden – im Austausch gegen die Verhängung schärferer europäischer Wirtschaftssanktionen gegen Iran. Die Verhandlungsbereitschaft der USA würde den Iranern zusammen mit der Verschärfung der europäischen Sanktionen mitgeteilt werden; Ross, Dennis, »Diplomatic strategies for dealing with Iran«, in: Miller, James M. et al. (Hg.), *Iran. Assessing U. S. Strategic Options*, Washington, D. C.: Center for a New American Security, September 2008, S. 35-50.

Anreicherungs- und Wiederaufbereitungszyklus unter Ihrer Kontrolle. Aber es gibt einiges, das wir mit Iran machen können, wenn Iran akzeptiert, was internationaler Konsensus ist.«[43]

Nach amerikanischer Vorstellung sollen bis Ende des Jahres 2009 Fortschritte in der Atomfrage erkennbar sein.[44] Denn die Zeit drängt. Laut dem im Dezember 2007 veröffentlichten »National Intelligence Estimate« zum iranischen Atomprogramm wird Iran aller Wahrscheinlichkeit nach frühestens im Jahr 2010, spätestens 2015 über die technischen Voraussetzungen verfügen, ausreichend hochangereichertes Uran für den Bau einer Atombombe zu produzieren.[45] Die Zeit drängt auch, weil Israel Druck macht, der Diplomatie nur eine befristete Zeit lang eine Chance zu geben.[46] Wie ernst es Israel mit der militärischen Option ist, bewerten amerikanische Experten unterschiedlich. Bereitet die israelische Regierung wirklich einen Militärschlag vor oder will sie nur Druck auf die USA und andere Staaten ausüben, in der Atomfrage eine noch entschiedenere Haltung einzunehmen? Das fragte man sich bereits innerhalb der Bush-Administration, als die israelische Regierung 2008 um die Lieferung spezieller bun-

---

43 »You have a right to pursue the peaceful use of civil, nuclear power. You do not have a right to obtain a nuclear weapon. You do not have the right to have the full enrichment and reprocessing cycle under your control. But there's a lot that we can do with Iran if Iran accepts what is the international consensus.« Zitiert in: Sanger, David E., »Clinton says nuclear aim of Iran is fruitless«, in: *The New York Times* (27. Juli 2009).

44 Vgl. Bumiller, Elisabeth, »Gates says U. S. overture to Iran is ›not open-ended‹«, in: *The New York Times* (28. Juli 2009).

45 Vgl. Rudolf, Peter, *Das »National Intelligence Estimate« zur iranischen Atompolitik*, 2008.

46 Vgl. Lander, Mark, »Netanyahu to meet Obama as U. S. priorities shift«, in: *The New York Times* (15. Mai 2009); Stolberg, Sheryl Gay, »Obama tells Netanyahu he has an Iran timetable«, in: *The New York Times* (29. Mai 2009).

kerbrechender Waffen, die Bereitstellung von Luftauftank-
fähigkeiten und die Gewährung von Überflugrechten über
den Irak nachsuchte. Präsident Bush lehnte diese Ansinnen
ab.[47] Aufhorchen ließ im Sommer 2009 Vizepräsident Bidens
Äußerung, die USA könnten einem souveränen Staat wie
Israel nicht die Entscheidung in einer existentiellen Frage dik-
tieren.[48] Präsident Obama sah sich genötigt, auf entsprechende Nachfragen klarzustellen, die USA hätten der israelischen
Regierung keineswegs grünes Licht für einen Militärschlag
gegeben (»absolutely not«).[49] Die amerikanische Militärfüh-
rung hatte ohnehin wiederholt betont, ein israelischer Angriff werde den gesamten Nahen und Mittleren Osten destabilisieren. Zwar hat Präsident Obama die militärische Option
nie kategorisch ausgeschlossen; sie würde aber seinem Ansatz gegenüber der islamischen Welt zuwiderlaufen. Dies würde auch für einen israelischen Militärschlag gegen iranische
Nukleareinrichtungen gelten. Washington würde in die Mit-
verantwortung gezogen, das iranische Nuklearprogramm be-
stenfalls für einige wenige Jahre verzögert werden.

Von vornherein war das Obama-Team bemüht, hohe Erwartungen an den Erfolg einer Politik des bedingten *engage-*

---

47 Auf amerikanischer Seite gingen unter Präsident Bush die eigenen militärischen Planungen für Angriffe gegen iranische Nukleareinrichtungen
offenbar nie über das allgemeine Stadium militärischer Krisenplanungen
hinaus, wie es sie für eine Vielzahl von Szenarien gibt. Vgl. Sanger, David
E., »U. S. rejected aid for Israeli raid on Iranian nuclear site«, in: *The New
York Times* (11. Januar 2009).

48 »Look, we cannot dictate to another sovereign nation what they can and
cannot do when they make a determination – if they make a determination – that they're existentially threatened and their survival is threatened by another country.« Zitiert in: Knowlton, Brian, »Biden suggests
U. S. not standing in Israel's way on Iran«, in: *The New York Times* (5. Juli
2009).

49 Richter, Paul, »Obama: U. S. has ›absolutely not‹ given OK for Israeli
strike on Iran«, in: *Los Angeles Times* (8. Juli 2009).

ment erst gar nicht aufkommen zu lassen. Man rechnete damit, die iranische Regierung könnte nicht in der Lage oder willens sein, auf das Gesprächsangebot einzugehen und sich im Atomstreit kompromißbereit zu zeigen.[50] Den Weg der Diplomatie zu beschreiten war aber auf jeden Fall notwendig, um die Voraussetzungen für eine Verschärfung des Sanktionsregimes zu schaffen: »Indem wir dem diplomatischen Weg folgen, den wir eingeschlagen haben, erlangen wir Glaubwürdigkeit und Einfluß bei einigen Nationen, die teilnehmen müßten, damit das Sanktionsregime so dicht und lähmend gemacht wird, wie es nach unserem Wunsch sein soll.«[51] Die Bereitschaft der USA zur Diplomatie soll international die Bereitschaft zu einschneidenden Sanktionen erhöhen. Die USA bedürfen der Kooperation anderer Staaten, aber auch der Kooperation ausländischer Banken und Firmen, um den wirtschaftlichen Druck auf Iran zu erhöhen. Das kann auf dem Wege der Überzeugung eine freiwillige Kooperation, das kann aber auch eine erzwungene sein. Die USA haben einige Möglichkeiten, das Geschäftsgebaren ausländischer Firmen zu beeinflussen. Weltweit sind rund 350 börsengehandelte Firmen im Irangeschäft tätig; viele dieser Firmen haben Interessen in den USA, die auf die eine oder andere Weise gefährdet sein könnten (etwa durch den Ausschluß von öffentlichen amerikanischen Aufträgen), wenn die USA

50 Zu den Problemen der Iranpolitik der Obama-Administration vgl. Cohen, Roger, »The making of an Iran policy«, in: *The New York Times Magazine* (2. August 2009); ferner Kessler, Glenn, »Clinton pessimistic on Iran outreach«, in: *The Washington Post* (3. März 2009).
51 »By following the diplomatic path we are on, we gain credibility and influence with a number of nations who would have to participate in order to make the sanctions regime as tight and crippling as we would want it to be.« So Außenministerin Clinton, zitiert in: LaFranchi, Howard, »Obama's first big diplomatic test: Iran«, in: *The Christian Science Monitor* (24. April 2009).

entschieden, tatsächlich »lähmende« Sanktionen gegen Iran einzusetzen.[52]

Zu diesen harten Sanktionen könnten folgende Maßnahmen gehören: die Unterbindung des iranischen Zugangs zu Technologien, die für die Modernisierung des Energiesektors nötig sind, die weitere Einschränkung des iranischen Zugangs zu Krediten und die Unterbrechung des Imports von Benzin und Diesel. Die letztgenannte Sanktion halten manche Politiker und Experten in den USA dabei beinahe für so etwas wie eine Wunderwaffe.[53] Wegen des Mangels eigener Raffineriekapazitäten importiert Iran rund 30 Prozent des verbrauchten Treibstoffes; durch die im Juni 2007 eingeführte Rationierung wurde der in der amerikanischen Diskussion immer wieder genannte Importanteil von 40 Prozent offenbar reduziert.[54] Ein drastischer Rückgang des Treibstoffimports hätte vermutlich enorme wirtschaftliche und soziale Konsequenzen. Zwar würde die weitgehende Unterbrechung der Einfuhren kaum weniger als eine Seeblockade der Straße von Hormuz erfordern, mit all den damit verbundenen militärischen Eskalationsrisiken; aber der Treibstoffzufluß ließe sich möglicherweise beträchtlich beschränken, wenn die wichtigsten Lieferanten, darunter eine indische und vier europäische Firmen, »entmutigt« würden, Geschäfte mit dem Iran zu tätigen. Zumindest einer der großen europäischen Lieferanten hatte im Herbst 2009 seine Geschäfte mit Iran bereits beendet, andere begannen sich auf die erwar-

---

52 Vgl. Robinson, Roger W., Jr., *Testimony before the Subcommittee on Terrorism, Nonproliferation, and Trade, House Committee on Foreign Affairs*, Washington, D. C. (10. Juni 2009).

53 Vgl. etwa den Kommentar »Pain Iran can believe in«, in: *The Wall Street Journal* (25. März 2009); ferner Dubowitz, Mark, »Hitting Tehran where it hurts«, in: *The Wall Street Journal* (14. Juli 2009).

54 Vgl. Katzman, Kenneth, *Iran Sanctions*, Washington, D. C. Congressional Research Service, 9. Juli 2009, S. 5.

teten Sanktionen einzustellen. Chinesische Firmen sprangen jedoch schnell in die Lücke. Zudem sagte Venezuela Teheran die Lieferung von Treibstoff zu.[55]

Amerikanische Abgeordnete und Senatoren brachten 2009 einige Gesetzesinitiativen ein, die darauf zielen, ausländische Firmen zu bestrafen, die Diesel und Benzin in den Iran ausführen oder Technologie für den Aufbau oder die Erweiterung von Raffineriekapazitäten an Iran liefern. Dazu gehört der von 71 Senatoren unterstützte »Iran Refined Petroleum Sanctions Act«. Der Kongreß will damit die Verhandlungsmacht der USA stärken, sollte der kooperative Ansatz gegenüber Iran nicht die erhofften Ergebnisse zeitigen und verschärfte Sanktionen notwendig werden.[56]

Die Obama-Regierung begann im Sommer 2009, mit den europäischen Verbündeten Gespräche über diese Sanktionswaffe zu führen.[57] Der Übergang von begrenzten Sanktionen zu eher umfassenden könnte nicht zuletzt deshalb attraktiv sein, weil die Regierung Ahmadinejad schwach und verwundbar ist und sie soziale Unruhen fürchten muß. Sanktionen, von denen auch die Bevölkerung betroffen wäre, würden unter diesen Bedingungen möglicherweise nicht zu einem verstärkten Zusammenhalt zwischen Volk und Regierung führen, wie das bei der Verhängung umfassender Sanktionen in der Regel zu befürchten ist.[58] Doch Sanktionen brauchen,

55. Vgl. Swartz, Spencer, »Big oil traders cut shipment to Tehran amid sanction talk«, in: *The Wall Street Journal* (24. September 2009); Blas, Javier, »Beijing supplies petrol to Iran« in: *The Financial Times* (22. September 2009).

56. Vgl. Katzman, Kenneth, *The Iran Sanctions Act (ISA)*, Washington, D. C.: Congressional Research Service, 1. Mai 2009, S. 7.

57. Vgl. Sanger, David E., »U. S. weighs Iran sanctions if talks are rejected«, in: *The New York Times* (3. August 2009).

58. Zur Wirkung und den Problemen von Sanktionen vgl. Rudolf, Peter, *Sanktionen in der internationalen Politik. Zum Stand der Forschung*, Berlin: Stiftung Wissenschaft und Politik, November 2006.

wenn sie denn überhaupt wirken, einige Zeit, um Kosten-Nutzen-Kalküle und Entscheidungsprozesse zu beeinflussen – Zeit, von der im Falle Irans unter Umständen gar nicht mehr viel gegeben ist.

Auch einschneidende Sanktionen bringen Iran am Ende vielleicht nicht davon ab, den Weg zur nuklearen Ausbruchsfähigkeit zu Ende zu gehen. Präsident Obama könnte das verdeckte Programm zur Sabotage iranischer Nukleareinrichtungen aktivieren, das er von Bush geerbt hat. Dessen potentiellen Nutzen beurteilt man in Washington allerdings sehr unterschiedlich. So bleibt die Option, Iran durch Rüstungsmaßnahmen, durch die verstärkte Sicherheitskooperation mit Staaten in der Region, ja vielleicht durch ausdrückliche Sicherheitsgarantien, vor Augen zu führen: Atomwaffen lassen sich nicht in politischen Einfluß umsetzen, denn die USA garantieren auch in Zukunft die Sicherheit befreundeter Staaten. Hillary Clinton sprach im Sommer 2009 von einem »Verteidigungsschirm« (*defense umbrella*) für den Nahen und Mittleren Osten. Dies war – auch wenn das Wort »nuklear« fehlte – eine Anspielung auf den »nuklearen Schirm«, den Washington über seine Verbündeten in Ostasien ausgespannt hat.[59] Mit Blick auf das iranische Atomprogramm und seine Rückwirkungen steht die amerikanische Politik im Nahen und Mittleren Osten somit vor einer doppelten Aufgabe:[60] Zum einen gilt es, Iran zu demonstrieren, daß

59 »We want Iran to calculate what I think is a fair assessment, that if the U. S. extends a defense umbrella over the region, if we do even more to support the military capacity of those in the gulf, it's unlikely that Iran will be any stronger or safer, because they won't be able to intimidate and dominate, as they apparently believe they can, once they have a nuclear weapon.« Zitiert in: Landler, Mark/David E. Sanger, »Clinton speaks of shielding Mideast from Iran«, in: *The New York Times* (23. Juli 2009).
60 Vgl. hierzu Task Force on Iranian Proliferation, Regional Security, and U. S. Policy, *Preventing a Cascade of Instability. US Engagement to Check*

Nuklearwaffen keinen großen strategischen Gewinn, aber viele Kosten nach sich ziehen. Zum anderen müssen die Risiken minimiert werden, die sich für die Stabilität des Nahen und Mittleren Ostens ergeben könnten, falls Iran auf dem Weg zur Bombe weiter voranschreitet.

Iranian Nuclear Progress, Washington: The Washington Institute for Near East Policy, March 2009. Dennis Ross hatte eine frühere Version dieses Berichts gutgeheißen, bevor er sich wegen seiner Tätigkeit im Presidential Transition Team aus der Arbeit der Task Force zurückzog.

V.

Obamas Krieg in Afghanistan und Pakistan

In keinem anderen Bereich der Außen- und Sicherheitspolitik war die Entwicklung eines neuen konzeptionellen Rahmens so schnell abgeschlossen wie in der Politik gegenüber der Krisenregion Afghanistan und Pakistan. Notwendig war dies, weil die bisherige Politik zu scheitern drohte und Washington den Verbündeten noch vor dem NATO-Gipfeltreffen im April 2009 Führungsstärke und Entschlossenheit demonstrieren wollte. Möglich war die rasche Ausarbeitung eines konzeptionellen Rahmens, weil in der Endphase der Ära Bush die Überprüfung der bisherigen Ansätze innerhalb der amerikanischen Sicherheitsbürokratie bereits in vollem Gange und ein Politikwandel eingeleitet war. Denn was im Herbst 2001 als ein Modell für eine erfolgreiche Militärintervention mit geringen eigenen Kosten begonnen hatte, war zu einem asymmetrischen Krieg mit unsicherem Ausgang geworden: ein Krieg gegen eine in ländlichen Gebieten und in schwer zugänglichem Terrain operierende Aufstandsbewegung, gut finanziert durch einen blühenden Rauschgifthandel und ausgestattet mit Rückzugsgebieten in Pakistan – das alles in einem Land mit einer schwachen Zentralregierung, einem hohen Maß an Korruption und einer kaum vorhandenen Infrastruktur.

Begonnen hatte die Afghanistan-Intervention am 7. Oktober 2001, nachdem das radikalislamische Taliban-Regime der amerikanischen Forderung nicht nachgekommen war, die unter ihrem Schutz stehende al-Qaida-Führung um Osama bin-Laden auszuliefern. Nicht einmal drei Monate später war das Taliban-Regime gestürzt. Beteiligt waren daran rund 100 Mitarbeiter der CIA, 350 Soldaten amerikanischer Spezialeinheiten und 15 000 Afghanen, unterstützt von etwa 100 Lufteinsätzen pro Tag – ein anfänglich von Militärexperten als Modell einer neuen effektiven Kriegsführung gepriesener Erfolg, wenngleich bin-Laden und andere führende Köpfe von al-Qaida entkommen konnten.

Von Beginn an war die amerikanische Politik von zwei widersprüchlichen Tendenzen gekennzeichnet:[1] Auf der einen Seite wurde der schnelle Sieg über die Taliban durch ein Bündnis mit den *warlords* der Nordallianz erkauft, so mußte nur eine geringe Zahl eigener Streitkräfte auf afghanischem Boden eingesetzt werden; der sogenannte »leichte Fußabdruck« wurde möglich, gespeist aus der Sorge, die USA könnten sonst als Besatzungsmacht erscheinen. Die politische Regelung des Konflikts beruhte auf der Einbindung dieser *warlords* (zum Teil in der Funktion von Provinzgouverneuren oder in anderen öffentlichen Ämtern) im Rahmen einer schwachen, die Macht- und Einkommensbasis dieser Kriegsherren nicht beschneidenden Zentralregierung unter dem Präsidenten Hamid Karsai. Auf der anderen Seite folgte der

---

1 Zum Folgenden vgl. Peceny, Mark/Yuri Bosin, *Counterinsurgency in Afghanistan. Lessons and Perspectives*, Paper präsentiert bei der Annual Convention of the International Studies Association, New York, 15.-18. Februar 2009.

Aufbau des Landes einem Modell der Modernisierung. Ein repräsentatives politisches System sollte entstehen, liberal-demokratische Normen und afghanische Traditionen sollten sich miteinander verbinden.

Vielleicht wäre manches anders und besser gelaufen, wenn die Regierung Bush nicht so vieles falsch gemacht oder unterlassen hätte: wenn die Abneigung gegen *nation-building* und ein stärkeres Engagement anfänglich nicht so stark gewesen wäre; wenn der Irak-Krieg nicht sehr bald Ressourcen und Energie absorbiert hätte; wenn der Entscheidungsprozeß tatsächlich irgendwann den angekündigten umfassenden, militärische und zivile Instrumente integrierenden Ansatz (*comprehensive approach*) hervorgebracht hätte; wenn Washington nicht allzulange darauf vertraut hätte, Pakistans Präsident Muscharraf werde tatsächlich irgendwann in ihren pakistanischen Rückzugsgebieten gegen die Taliban vorgehen.[2]

Spätestens 2006 war deutlich, daß die ausländischen Streitkräfte in Afghanistan einer ausgewachsenen Aufstandsbewegung gegenüberstanden. General David McKiernan, der damalige Kommandeur der International Security Assistance Force (ISAF), brachte die Situation im November 2008 so auf den Punkt: »Tatsache ist, wir befinden uns in Afghanistan im Krieg. Es ist kein *peacekeeping*. Es sind keine Stabilisierungsoperationen. Es ist keine humanitäre Hilfe. Es ist Krieg.«[3] Für diesen Krieg fehlte den USA jedoch eine

2 Zur Bush-Politik und ihren Problemen vgl. Sanger, David E., *The Inheritance. The World Obama Confronts and the Challenges to American Power*, London u. a.: Bantam Press 2009, S. 109-171 (*Part II: Afghanistan. How the Good War Went Bad*).

3 »The fact is that we are at war in Afghanistan. It's not peacekeeping. It's not stability operations. It's not humanitarian assistance. It's war.« Zitiert in: Dale, Catherine, *War in Afghanistan. Strategy, Military Opera-*

Strategie: »Wir haben keinen strategischen Plan. Wir hatten nie einen.«[4] Vernichtender hätte dieser Rückblick eines namentlich nicht genannten hohen amerikanischen Offiziers auf die Afghanistanpolitik kaum formuliert werden können. Innerhalb des US-Militärs hatte sich über die Jahre einiges an Frustration über die mangelnde Führung durch das Weiße Haus in der Afghanistanpolitik aufgestaut. Groß war die Kluft zwischen den wolkigen Reden von der Schaffung einer Demokratie in Afghanistan und den Realitäten vor Ort.

In der Endphase der Amtszeit Bushs führte die verschlechterte Lage in Afghanistan – Geheimdiensteinschätzungen warnten vor einer »Abwärtsspirale« – schließlich zu einer Überprüfung der bisherigen Politik.[5] Dabei ging es um grundlegende Fragen: Welches sind die Ziele in Afghanistan? Was ist überhaupt zu erreichen? Welche Ressourcen stehen zur Verfügung? Welche Rolle spielen die Verbündeten? Was ist über den Feind bekannt? Wie wahrscheinlich ist es, daß die schwachen Regierungen in Afghanistan und Pakistan der Herausforderung begegnen können?[6]

Längst war offenkundig: Die Probleme in beiden Ländern sind untrennbar miteinander verwoben, eine Stabilisierung Afghanistans ist ohne eine erfolgreiche Aufstandsbekämp-

tions, and Issues for Congress, Washington: Congressional Research Service, 23. Januar 2009, S. 11.

4 »We have no strategic plan. We never had one.« Zitiert in: DeYoung, Karen, »Afghan conflict will be reviewed«, in: *The Washington Post* (13. Januar 2009).

5 Vgl. Tyson, Ann Scott, »Petraeus mounts strategy review«, in: *The Washington Post*, 16. Oktober 2008, S. A12; Lubold, Gordon, »Military sees window to adjust Afghanistan plan«, in: *The Christian Science Monitor* (1. Oktober 2008); Mazetti, Mark/Eric Schmitt, »U.S. study is said to warn of crisis in Afghanistan«, in: *The New York Times* (9. Oktober 2008).

6 Vgl. DeYoung, Karen, »U.S. urgently reviews policy on Afghanistan«, in: *The Washington Post* (9. Oktober 2008).

fung in den pakistanischen Grenzgebieten nicht möglich. Ja, aus Sicht der amerikanischen Geheimdienste war eine Verbesserung der Situation in Afghanistan nur möglich, wenn die Regierung in Islamabad die Kontrolle über die Grenzgebiete erlangen und im ganzen Land der Bevölkerung bessere Chancen in der Wirtschaft und im Bildungsbereich verschaffen würde.[7] Ein *senior military official* brachte die Botschaft an den gewählten neuen Präsidenten so auf den Punkt: »Man kann in Afghanistan nicht gewinnen, ohne zuerst Pakistan in Ordnung gebracht zu haben. Aber selbst wenn man Pakistan in Ordnung bringt, reicht dies nicht aus.«[8]

Unter Bush war es nicht gelungen, dieses Land »in Ordnung« zu bringen – insbesondere Militär und Geheimdienst zu bewegen, ihr Doppelspiel zu beenden, die Unterstützung militanter Extremisten einzustellen und entschieden gegen die von pakistanischem Territorium aus operierenden Taliban vorzugehen.[9] Das militante jihadistische Netzwerk hat in Pakistan seine Wurzeln: im Kampf gegen die sowjetischen Besatzungstruppen in den achtziger Jahren. Damals zwangen die Mujahedin mit amerikanischer und saudischer Unterstützung die Sowjetunion zum Rückzug.[10] Als nach dem sowjetischen Rückzug im Jahr 1989 Afghanistan im Bür-

---

7 Vgl. Blair, Dennis C. (Director of National Intelligence), *Annual Threat Assessment of the Intelligence Community for the Senate Select Committee on Intelligence*, 12. Februar 2009, S. 18, online verfügbar unter: ⟨http://intelligence.senate.gov/090212/blair.pdf⟩ (Stand: August 2009).

8 »[Y]ou can't win in Afghanistan without first fixing Pakistan. But even if you fix Pakistan that won't be enough.« Zitiert in: Sanger, David E., »Revamping Pakistan aid expected in report«, in: *The New York Times* (7. Dezember 2008).

9 Zur Pakistanpolitik unter Präsident Bush vgl. Rudolf, Peter/Christian Wagner/Christian Fröhlich, *Die USA und Pakistan. Probleme einer Partnerschaft*, Berlin: Stiftung Wissenschaft und Politik, Juni 2008.

10 Hierzu und im folgenden vgl. Riedel, Bruce, »Pakistan and terror. The eye of the storm«, in: *Annals*, 618 (Juli 2008), S. 31-45.

gerkrieg versank, schufen sich Militär und Geheimdienst Pakistans mit den Taliban das Instrument, den Bürgerkrieg zu beenden und den Einfluß auf die Entwicklung im Nachbarland sicherzustellen. Auch bei der Gründung anderer extremistischer, sich terroristischer Methoden bedienender Gruppen hatte Islamabad nach amerikanischer Einschätzung die Hand im Spiel; hier sind vor allem Organisationen in Kaschmir zu nennen, derer man sich im Machtkonflikt mit Indien bedient. Der mehr als sechs Jahrzehnte währende Konflikt mit Indien ist die Obsession des pakistanischen Sicherheitsestablishments, das Afghanistan durch die Brille dieses Konflikts wahrnimmt. Ein möglicherweise feindliches, unter indischem Einfluß stehendes Afghanistan – das gilt als eine nicht hinnehmbare Bedrohung.

Obamas strategisches Konzept

Bei der von Barack Obama am 27. März 2009 bekanntgegebenen neuen Strategie für Afghanistan und Pakistan (»AfPak«) handelt es sich um einen breiten, flexiblen strategischen Rahmen.[11] Präsident Obama hat sich damit auf einen be-

11 Für eine Einstufung als klare Strategie mangelte es zum Zeitpunkt der Bekanntgabe allerdings an einigen Elementen: Es gab keine definierten Kriterien, an denen Fortschritte und Erfolg gemessen werden können; Planungen für den Einsatz der Truppen, für die Verstärkung der zivilen Komponente der Stabilisierungsmaßnahmen und den Ausbau der afghanischen Sicherheitskräfte fehlten; schließlich gab es keine längerfristige Budgetplanung. Auch ließ sich keine Unterscheidung zwischen kurzfristigen, mittelfristigen und langfristigen Zielen erkennen. Vgl. Cordesman, Anthony A., *U. S. Strategy for Afghanistan. Achieving Peace and Stability in the Graveyard of Empires. Statement before the House Committee on Foreign Affairs, Subcommittee on the Middle East and South Asia*, Washington, D. C., 2. April 2009, online verfügbar unter: ⟨http://foreignaffairs.house.gov/111/cor040209.pdf⟩ (Stand: August 2009); Korb, Lawrence/Caroline Wadhams/Colin Cookman/Sean Duggan, *Sustain-

stimmten Kurs festgelegt und alternative Optionen ausgeschlossen.[12] Welche Bedrohungswahrnehmungen liegen zugrunde? Welches sind die Ziele? Welche Instrumente kommen zum Einsatz?[13]

Die US-Politik fußt auf der Annahme, al-Qaida erhielte
erneut ein Rückzugsgebiet in Afghanistan, wenn die Taliban
an die Macht kämen; gegenwärtig liegt dieses in den pakistanischen Grenzgebieten zu Afghanistan. Zwei Gründe sind
in Washington für diese Annahme zu hören: Erstens habe
Talibanführer Mullah Omar nicht mit Osama bin-Laden gebrochen; vielmehr werde der Kampf der Taliban mittlerweile
als Teil eines weltweiten *jihad* porträtiert. Zweitens habe Omar
2001 in einer Zeit zu bin-Laden gehalten, als das Überleben
der Talibanherrschaft auf dem Spiel stand, um so weniger
werde er jetzt mit al-Qaida brechen.

Nahm Washington Pakistan zunächst vor allem mit Blick
auf den Krieg in Afghanistan und seine erfolgreiche Beendigung wahr, so modifizierte die Sicherheitsbürokratie im Frühjahr 2009 diese Sicht: Vor dem Hintergrund der zunehmenden

*able Security in Afghanistan. Crafting an Effective and Responsible Stra-
tegy for the Forgotten Front*, Washington: Center for American Progress,
März 2009.
12 Inwieweit die Durchsetzung der Autorität der Zentralregierung vor-
rangig sein sollte oder die Stärkung lokaler Kriegsherren und Stammes-
führer, scheint eine der noch ungeklärten strategischen Fragen zu sein.
Vgl. Hastings, Max, »The allies fight the ›wrong‹ war in Afghanistan«,
in: *Financial Times* (10. Mai 2009).
13 Die zentralen Aussagen und Erläuterungen zu dem strategischen Rahmen finden sich in: *White Paper of the Interagency Policy Group's Report
on U. S. Policy toward Afghanistan and Pakistan*, März 2009, online verfügbar unter: ⟨http://www.whitehouse.gov/assets/documents/Afghani
stan-Pakistan_White_Paper.pdf⟩ (Stand: August 2009); Obama, Barack,
Remarks on New Strategy for Afghanistan and Pakistan, 27. März 2009,
online verfügbar unter: ⟨http://www.whitehouse.gov/the_press_office/
Remarks-by-the-President-on-a-New-Strategy-for-Afghanistan-and-
Pakistan/⟩ (Stand: August 2009).

Gewalt und der wachsenden Sorge um eine Talibanisierung des Landes rückte Pakistan als Problem eigenen Gewichts in den Vordergrund der amerikanischen Bedrohungswahrnehmung.[14] Ein Sieg der afghanischen Taliban, so die Befürchtung, werde die Fähigkeit der pakistanischen Taliban verbessern, das säkulare Regime in Islamabad zu unterminieren. Denn bei den Taliban handelt es sich im wesentlichen um eine transnationale paschtunische Aufstandsbewegung, die ihre Kämpfer aus den Reihen der rund 40 Millionen Paschtunen auf beiden Seiten der afghanisch-pakistanischen Grenze rekrutiert.[15] Schon jetzt sehe sich Islamabad einer existentiellen Bedrohung durch extremistische islamistische Gruppen wie al-Qaida und Lashkar-e-Tayyiba ausgesetzt. Ja, der pakistanische Staat könne in die Hände von Jihadisten gelangen; das wäre für die USA die größte Bedrohung seit dem Ende des Kalten Krieges – so Bruce Riedel von der Brookings Institution, der als externer Experte die Ausarbeitung der Af-Pak-Strategie koordinierte.[16] General Petraeus, der Kommandeur des zuständigen U.S. Central Command, formulierte die Bedrohungssicht so:

»Die Destabilisierung des Atomwaffenstaates Pakistan würde eine enorme Herausforderung für die USA, ihre Verbündeten und unsere Interessen darstellen. Der Zusammenbruch des pakistanischen Staates würde transnationalen terroristischen Gruppen und anderen extremistischen Organisationen eine Möglichkeit eröffnen, Atomwaffen und

14 Vgl. Landler, Mark/Elisabeth Bumiller, »Now, U.S. sees pakistan as a cause distinct from Afghanistan«, in: *The New York Times* (1. Mai 2009).
15 So Riedel, Bruce, »Afghanistan: What is at stake?«, in: *Real Clear Politics* (1. Mai 2009), online verfügbar unter: ⟨http://www.realclearworld.com/articles/2009/05/afghanistan_what_is_at_stake.html⟩ (Stand: August 2009).
16 Riedel, Bruce, »Armageddon in Islamabad«, in: *The National Interest*, Juli/August 2009.

eine sichere Zufluchtsstätte zu erlangen, von wo sie Angriffe planen und ausführen könnten.«[17]

Die breite Bedrohungssicht steht in einem auffälligen Miß-verhältnis zu dem eher eng definierten erklärten Kernziel (*core goal*) der Af-Pak-Strategie, nämlich »al-Qaida und ihre Rückzugsräume in Pakistan zu zerstören, unbrauchbar zu machen und zu vernichten und ihre Rückkehr nach Paki-stan und Afghanistan zu verhindern«.[18] Diese auf den ersten Blick enge Ausrichtung der amerikanischen Ziele reflektier-te sowohl die strategische Präferenz der amerikanischen Mi-litärführung als auch das politische Interesse des neu ins Amt gekommenen Präsidenten. Soweit bekannt, empfahlen die Joint Chiefs of Staff – die Führung der amerikanischen Streitkräfte – dem neuen Präsidenten, die Strategie auf das genannte Kernziel auszurichten.[19] Auch Verteidigungsmini-ster Robert Gates favorisierte eine solche Prioritätensetzung.[20]

17 »Destabilization of the nuclear-armed Pakistani state would present an enormous challenge to the United States, its allies, and our interests. Pakistani state failure would provide transnational terrorist groups and other extremist organizations an opportunity to acquire nuclear weapons and a safe haven from which to plan and launch attacks.« Pe-traeus, David H., (U. S. Army, Commander U. S. Central Command), *Statement before the Senate Armed Services Committee on the Afghani-stan-Pakistan Strategic Review and the Posture of U. S. Central Com-mand*, Washington, D. C., 1. April 2009, S. 7, online verfügbar unter: ⟨http://armed-services.senate.gov/statement/2009/April/Petraeus%200 4-01-09.pdf⟩ (Stand: August 2009).

18 Obama, Barack, *Remarks on New Strategy for Afghanistan and Pakistan*, 27. März 2009 (»to disrupt, dismantle, and defeat al Qaeda and its safe havens in Pakistan, and to prevent their return to Pakistan and Afgha-nistan«).

19 Das scheint die Empfehlung in einem geheimen Bericht der Joint Chiefs of Staff gewesen zu sein. Vgl. Cloud, David S., »Secret report urges new Afghan plan«, in: *Politico* (3. Februar 2009).

20 »My own personal view is that our primary goal is to prevent Afgha-nistan from being used as a base for terrorists and extremists to attack the United States and our allies, and whatever else we need to do flows from that objective.« Zitiert in: Cooper, Helene / Thom Shanker, »Aides

Barack Obama sprach kurz nach seinem Amtsantritt von »klaren, minimalen Zielen«, es gehe vor allem darum, sicherzustellen, daß Afghanistan nicht zum »sicheren Hafen« für al-Qaida werde. Eine »klare Strategie« war aus seiner Sicht Voraussetzung einer »klaren Ausstiegsstrategie«: »Und mein Ziel ist es, die US-Truppen so schnell wie möglich nach Hause zu bringen, ohne eine Situation zu hinterlassen, die mögliche terroristische Angriffe gegen die USA zuläßt.«[21]

Die Rhetorik des Präsidenten und die Ziele der Af-Pak-Politik waren sehr deutlich auf die öffentliche Meinung in den USA abgestimmt.[22] Die Zahl der Amerikaner, die in der Entsendung von Truppen nach Afghanistan einen Fehler sahen, war im März 2009 auf 42 Prozent angestiegen: Gerade unter Demokraten gab es große Skepsis gegenüber einer verstärkten militärischen Präsenz. Als Präsident Obama ins Weiße Haus einzog, wünschte fast die Hälfte der demokratischen Wähler eine verringerte Truppenpräsenz in Afghanistan. Was die Ziele des Krieges in Afghanistan angeht, so

say Obama's Afghan aims elevate war,« in: *The New York Times* (28. Januar 2009).

21 »And my goal is to get U.S. troops home as quickly as possible without leaving a situation that allows for potential terrorist attacks against the United States.« Interview mit Jim Lehrer, PBS Newshour (27. Februar 2009), online verfügbar unter: ⟨http://www.pbs.org/newshour/bb/poli tics/jan-june09/obamainterview_02-27.html⟩ (Stand: August 2009). Dort sind auch die anderen Zitate zu finden: »clear, minimal goals«, »clear strategy«, »clear exit strategy«.

22 Vgl. »Strong confidence in Obama – country seen as less politically divided«, 15. Januar 2009, online verfügbar unter: ⟨http://www.people-press. org⟩ (Stand: August 2009); Morales, Lymari, »Americans see Afghanistan war as still worth fighting«, 19. Februar 2009, online verfügbar unter: ⟨http://www.gallup.com⟩ (Stand: August 2009); Newport, Frank, »Strong bipartisan support for Obama's move on Afghanistan«, 23. Februar 2009, online verfügbar unter: ⟨http://www.gallup.com⟩ (Stand: August 2009); Jones, Jeffrey M., »In U.S., more optimism about Iraq, less about Afghanistan«, 18. März 2009, online verfügbar unter ⟨http://www.gallup.com⟩ (Stand: August 2009).

war für die Mehrheit der Amerikaner (54 Prozent) im Februar 2009 die Priorität klar: Die Fähigkeit terroristischer Gruppen, Ziele in den USA anzugreifen, sollte geschwächt werden.

Der Erreichung des von Barack Obama ins Zentrum gestellten Kernziels dient eine Reihe weiterer erklärter Ziele (*objectives*): erstens die Ausschaltung der Fähigkeit der Terrornetzwerke in beiden Ländern, transnational terroristische Angriffe durchzuführen; zweitens die Förderung einer »fähigeren, rechenschaftspflichtigen und effektiven Regierung« in Afghanistan (»more capable, accountable, and effective government«), die in die Lage ist, mit begrenzter internationaler Unterstützung zu funktionieren; drittens der Aufbau und die Ausbildung von Sicherheitskräften, die fähig sind, eigenständig Aufstands- und Terrorismusbekämpfung zu leisten; viertens die Unterstützung einer stabilen verfassungsmäßigen zivilen Regierung sowie einer gut funktionierenden Wirtschaft in Pakistan; fünftens schließlich die Einbeziehung der internationalen Gemeinschaft bei der Umsetzung dieser Ziele, weshalb eine »Kontaktgruppe« für Afghanistan und Pakistan geschaffen werden soll, der NATO- und andere Partnerländer, Staaten des Persischen Golfs und Zentralasiens, Rußland, China und Indien angehören sollen. Regionalexperten hatten eine solche Kontaktgruppe vorgeschlagen, um die beteiligten und interessierten externen Akteure in eine diplomatische Strategie einzubeziehen und die regionale Dimension des Konfliktes zu bearbeiten.[23] Eine Vermittlerrolle der USA oder einer internationalen Organisation im Kaschmir-Konflikt ist jedoch für Indien nicht akzeptabel.

23 Hierzu und zum Vorausgehenden vgl. Rubin, Barnett R./Ahmed Rashid, »From great game to grand bargain. Ending chaos in Afghanistan and Pakistan«, in: *Foreign Affairs*, (November/Dezember 2008).

Der Kaschmir-Konflikt wurde aufgrund der indischen Kritik nicht in das formelle Mandat des Sonderbeauftragten für Afghanistan und Pakistan, Richard Holbrooke, aufgenommen. Das heißt jedoch nicht, daß die USA keine indirekte Rolle bei der Konfliktbeilegung haben. Sie können auf Pakistan einwirken, die bilateralen Verhandlungen voranzubringen, die zwischen Pakistan und Indien seit 2005 geführt wurden, aber nach den terroristischen Angriffen in Mumbai im November 2008 ins Stocken gerieten.[24]

Im Unterschied zu Präsident Bush spricht Obama nie davon, daß es Ziel der USA sei, in Afghanistan eine »blühende Demokratie« (*flourishing democracy*) aufzubauen.[25] Obamas nüchterne Rhetorik verdeckt dabei nur allzu leicht die weitreichenden Konsequenzen seiner Politik.[26] Dies macht der Blick auf den Kern des Neuansatzes deutlich: die »integrierte zivil-militärische Aufstandsbekämpfungsstrategie« (*integrated civilian-military counterinsurgency strategy*) mit den drei Elementen Sicherheit der Bevölkerung, wirkungsvolle lokale Verwaltungen und wirtschaftliche Entwicklung. In der Konzeption ist dieser Ansatz nicht neu. Aber die Obama-Regierung will ihn mit den notwendigen Ressourcen unterfüttern und in seinen Konsequenzen ernst nehmen. »Clear, hold, and build« – so lautet schlagwortartig die *counterinsurgency*-Doktrin, wie sie im Rückgriff auf Erfahrungen aus den

24 Vgl. Mohan, C. Raja, »How Obama can get South Asia right«, in: *The Washington Quarterly*, 32/2, S. 173-189.
25 Vgl. die kontrastierende Zusammenstellung »Afghanistan policy, past and present«, in: *The Washington Post* (28. März 2009).
26 Obamas Af-Pak-Strategie ist, wie ein Kommentator schrieb, nicht »George Bush lite«, sondern »George Bush very heavy« – gepaart mit der Bereitschaft zur regionalen Diplomatie (Abramowitz, Morton, »The AfPak bailout«, in: *The National Interest online* (13. April 2009), online verfügbar unter: ⟨http://www.nationalinterest.org/⟩ (Stand: August 2009).

fünfziger und sechziger Jahren in Malaysia, Algerien und Vietnam unter Federführung von General Petraeus im Jahre 2006 im »Counterinsurgency Field Manual«[27] formuliert und im Irak implementiert wurde: Das Territorium muß von Aufständischen gesäubert und mittels der Präsenz ausreichender Sicherheitskräfte gehalten werden. Nur so läßt sich diesem Ansatz zufolge ein Maß an Sicherheit schaffen, das den Aufbau administrativer, politischer, rechtlicher und wirtschaftlicher Strukturen ermöglicht.[28] In der Logik der *counterinsurgency*-Strategie kommt es entscheidend darauf an, die *hearts and minds* der lokalen Bevölkerung zu gewinnen, ihr Vertrauen darauf, daß sich ihre politische und wirtschaftliche Situation verbessert und ihre Sicherheit gewährleistet wird. Oft heißt es, die Erfolge bei der Stabilisierung des Irak seien der Umsetzung dieses Ansatzes zu verdanken. Nicht ganz zu Recht, wie einige Kritiker meinen. Doch hat das »clear, hold, and build« in der amerikanischen Armee mittlerweile nahezu den Status eines Dogmas gewonnen.[29]

Die Umsetzung dieser Doktrin erfordert mehr Truppen und mehr Geld sowie ihren gezielten Einsatz. Die zusätzlichen 17 000 Soldaten, deren Entsendung Barack Obama am 17. Februar 2009 ankündigte, sollen solche *counterinsurgen-*

---

27 Department of the Army, Counterinsurgency Field Manual No. 3-24, 15. Dezember 2006.
28 Mittlerweile sprechen amerikanische Militärs auch von »shape, clear, hold, and build«, wobei unter der »Formung« des Schlachtfeldes wohl eher allgemein die Bemühungen um eine Unterstützung der Bevölkerung gemeint sind. In der veröffentlichten Zusammenfassung des Campaign Plan der International Security Assistance Force heißt es nur »Shape, in order to clear in order to hold and build«, online verfügbar unter ⟨http://smallwarsjournal.com/documents/isafcampaignplansummary.pdf⟩ (Stand: August 2009).
29 Kritisch dazu vgl. Gentile, Gian P., »Think Again. Counterinsurgency«, in: *Foreign Policy*, Januar 2009 (nur online verfügbar unter: ⟨http://www.foreignpolicy.com/⟩ (Stand: August 2009)).

cy-Operationen vor allem im Süden Afghanistans durchführen, insbesondere auch mit dem Ziel, dort den Drogenhandel zu bekämpfen und so die wichtigste Finanzierungsquelle der Taliban trockenzulegen. Rechnet man auch die 4000 als Ausbilder nach Afghanistan entsandten Soldaten dazu, so hat hat sich unter Barack Obama die Zahl der amerikanischen Soldaten in Afghanistan im Spätherbst 2009 auf 68 000 erhöht. In amerikanischen Militärkreisen ist die Zahl von 100 000 Soldaten zu hören, die notwendig wären, um nach Vertreibung der Taliban umkämpftes Territorium zu sichern.[30]

Ein weiteres wichtiges Element der Af-Pak-Strategie ist die Aufstockung der afghanischen Sicherheitskräfte: der afghanischen Armee auf 134 000 Soldaten und der Polizei auf 82 000 Mann bis 2011. Nach Einschätzung des unter Obama ernannten neuen Kommandeurs in Afghanistan, General Stanley A. McChrystal, ist der Ausbau der afghanischen Sicherheitskräfte sogar noch weit stärker voranzutreiben; von einer doppelt so hohen Stärke ist die Rede, von rund 400 000 Soldaten und Polizisten.[31] In der Aufstandsbekämpfung gilt ein Verhältnis von 1:50 zwischen Sicherheitskräften und Zivilisten in umkämpften Gebieten als Faustregel. Da nicht alle Gebiete in Afghanistan umkämpft sind, sind zwar keine

30 Vgl. Dreazen, Yochi J., »U. S. weighs putting 70, 000 Troops in Afghanistan«, in: *The Wall Street Journal* (1. April 2009); Woodward, Bob, »Key in Afghanistan. Economy, not military«, in: *The Washington Post* (1. Juli 2009).
31 Die 7,5 Mrd. US-Dollar, die pro Jahr für die Aufstockung des afghanischen Militärs und der Polizei vorgesehen sind, würden dann nicht ausreichen; die Frage der angemessen Lastenteilung unter den in Afghanistan vertretenen Staaten würde akut werden. Vgl. Jaffe, Greg/Karen DeYoung, »U. S. general sees Afghan army, police insufficient«, in: *The Washington Post* (11. Juli 2009); Shanker, Thom/Eric Schmitt, »U. S. plans expanded Afghan security force«, in: *The New York Times* (19. März 2009).

600 000 Sicherheitskräfte notwendig. Doch bis Armee und Polizei zahlenmäßig eine Stärke erreichen, die ausländische Truppen weitgehend überflüssig macht, wird noch einige Zeit vergehen. Die zunehmende »Afghanisierung« ist in der Logik der *counterinsurgency*-Kriegsführung zwingend: Der Gegner kann darauf hoffen, daß ausländische Truppen früher oder später abziehen, weil die Kosten wachsen und die innenpolitische Unterstützung sinkt. Einheimische Streitkräfte dagegen haben die Abzugsoption nicht, für sie steht im Falle einer Niederlage einiges auf dem Spiel.

Ein weiteres zentrales Element bei der Umsetzung der integrierten Aufstandsbekämpfung ist der Ausbau der zivilen Aufbau- und Entwicklungskomponente; entsprechende Maßnahmen werden, so lautet die Absicht, im Sinne eines *bottom-up*-Ansatzes auf Distriktebene konzentriert. Entwicklungshilfe macht bislang nur einen sehr kleinen Teil der amerikanischen Ausgaben für Afghanistan aus.[32] Doch Geld allein reicht auch nicht aus, kann in Afghanistan vielleicht gar nicht sinnvoll absorbiert werden.[33] Auch beim zivilen Engagement zeichnet sich ein neuer Ansatz ab – weg von der Konzentration auf einzelne Erfolgsprojekte wie den Bau von Straßen, Krankenhäusern und Schulen, hin zu Programmen, welche die Lebensumstände möglichst breiter Teile der afghanischen

32 Zwischen 2002 und Frühjahr 2009 waren 93 Prozent der 170 Mrd. US-Dollar, die insgesamt für Afghanistan aufgebracht wurden, dem Defense Department zugeordnet. Vgl. Korb, Lawrence/Caroline Wadhams/Colin Cookman/Sean Duggan, *Sustainable Security in Afghanistan. Crafting an Effective and Responsible Strategy for the Forgotten Front*, Washington: Center for American Progress, März 2009, S. 5.

33 Das United States Government Accountability Office (GAO) hat sehr deutlich darauf hingewiesen, daß es Afghanistan an der Fähigkeit fehlt, viele der von den Geberländern initiierten Programme und Projekte aufrechtzuerhalten. Vgl. GAO, *Iraq and Afghanistan. Security, Economic, and Governance Challenges to Rebuilding Efforts Should Be Addressed in U. S. Strategies*, Washington, D. C., 25. März 2009.

Bevölkerung verbessern. Das Weiße Haus und das Pentagon hatten in den Anfangsjahren der amerikanischen Präsenz schnell abschließbare Projekte bevorzugt, die Sympathie in der afghanischen Bevölkerung schaffen sollten. Investitionen im Agrarsektor kamen indes nur langsam in Gang; die Vorliebe für einen marktwirtschaftlichen Rahmen und die Skepsis gegenüber staatlichen Unterstützungsleistungen bremsten ihren Einsatz. Jetzt sollen sich die Programme auf die Erhöhung der Nahrungsmittelproduktion konzentrieren; Washington will die Mittel dafür beträchtlich aufstocken. Kredite für Bauern im Vorfeld der Pflanzzeit und garantierte Abnahmepreise sollen afghanische Bauern von der Mohnproduktion abbringen.[34]

Zur *counterinsurgency*-Doktrin gehört schließlich auch das Bestreben, über Verhandlungen und Anreize einen Teil der gegnerischen Kämpfer aus der Aufstandsbewegung herauszulösen.[35] Was sich abzeichnet, ist eine Differenzierung zwischen paschtunischen Nationalisten, Taliban und al-Qaida. Die amerikanischen Planer sehen die Aufständischen – bildlich gesprochen – als eine »Zwiebel« mit unterschiedlichen Schichten an. Es komme darauf an, die obersten Schichten »abzuziehen«, die leichter abzulösen sind als die unteren.[36] Amerikanische Planer hoffen bis zu drei Viertel der Kämpfer von der Führung der Taliban ablösen zu können. Verhandlungen mit der Führung allerdings dürften erst dann zu erwarten sein, wenn über eine verstärkte Truppenpräsenz und militärische Erfolge eine Position der Stärke erreicht

34 Vgl. Chandrasekaran, Rajiv, »U.S. pursues a new way to rebuild in Afghanistan«, in: *The Washington Post* (19. Juni 2009).
35 Vgl. Cooper, Helene, »Dreaming of splitting the Taliban«, in: *The New York Times* (8. März 2009).
36 Vgl. Peter, Baker/Thom Shanker, »New Afghan strategy, Obama will add troops«, in: *The New York Times* (27. März 2009).

ist. Solange die Talibanführer an einen möglichen Sieg glauben und Zeit und Momentum auf ihrer Seite sehen, erwartet Washington keine ernsthafte Verhandlungsbereitschaft des Gegners.[37]

In Afghanistan steht mittlerweile die Sicherheit der Bevölkerung im Zentrum des *counterinsurgency*-Ansatzes. Sicherheit heißt dabei nicht nur Schutz vor den Repressalien der Taliban; Sicherheit bedeutet auch Schutz davor, Angriffen amerikanischer Streitkräfte zum Opfer zu fallen.[38] Vor allem amerikanische Luftschläge, bei denen es immer wieder zu einer größeren Zahl von Toten unter der Zivilbevölkerung gekommen ist, haben in der afghanischen Bevölkerung die Sicht auf die USA und die Wahrnehmung der Legitimität des ISAF-Einsatzes beeinträchtigt.[39] Luftangriffe sind daher in der Regel in Afghanistan nur noch gestattet, wenn

---

37 Vgl. die Einschätzung von Bruce Riedel, der die strategische Überprüfung der Afghanistanpolitik koordinierte, »Interview. For Holbrooke, situation in Pakistan, Afghanistan is ›dim and dismal‹«, in: *The New York Times* (28. Januar 2009).

38 Im Jahre 2008 starben 828 Zivilisten durch Aktionen ausländischer Truppen oder afghanischer Regierungstruppen, meist durch Luftangriffe oder nächtliche Kommandounternehmen in Dörfern. Insgesamt wurden 2008 laut einer Zusammenstellung der Vereinten Nationen in Afghanistan 2118 Zivilisten getötet, die höchste Zahl seit dem Sturz der Taliban. Vgl. Filkins, Dexter, »Afghan civilian death rose 40 percent in 2008«, in: *The New York Times* (18. Februar 2009).

39 Vgl. Cohen, Jon/Jennifer Agiesta, »Poll of Afghans shows drop in support for U.S. Mission«, in: *The Washington Post* (10. Februar 2009). Die wachsende Zahl ziviler Opfer von Flugangriffen war eine Folge des zunehmenden Rückgriffs auf Luftunterstützung (*close air support*), insbesondere zur Unterstützung leicht bewaffneter Kommandos von Spezialkräften: zwischen 2004 und 2007 erhöhte sich die Zahl solcher Einsätze, bei denen es zum Abwurf von Bomben oder dem Einsatz anderer Waffen kam, um das 34fache. Vgl. Dadkhah, Lara M., »Close air support and civilian casualties in Afghanistan«, in: *Small Wars Journal*, 2008, online verfügbar unter ⟨http://smallwarsjournal.com/blog/journal/docs-temp/160-dadkhah.pdf⟩ (Stand: August 2009).

amerikanische oder verbündete Truppen in höchster Gefahr sind.[40]

Die negativen Wirkungen von militärischen Operationen mit Opfern unter der Zivilbevölkerung gelten auch für Pakistan. Die zunehmenden Angriffe gegen Ziele in Pakistan und die damit einhergehenden Opfer heizen die ohnehin sehr starke antiamerikanische Stimmung im Land an. Das räumte mittlerweile selbst die US-Militärführung ein.[41] Doch strategische Konsequenzen zieht Washington, so scheint es, daraus nicht. Die Intensivierung von Angriffen mit Raketen, abgeschossen von unbemannten, aus den USA ferngesteuerten Drohnen, ist vielmehr seit Herbst 2008 ein zentrales Element der amerikanischen Kriegsführung gegen Taliban und al-Qaida.[42] Lange Zeit führte nur die CIA Drohnenattacken gegen pakistanische Ziele aus, vor allem gegen Führer der al-Qaida. Im Zuge der Ausweitung der Angriffe kam im Frühjahr 2009 das Pentagon ins Spiel. In Kooperation mit dem

40 »Air power contains the seeds of our own destruction if we do not use it responsibly«, mahnte General McChrystal seine führenden Offiziere. Zitiert in: Filkins, Dexter, »U.S. tightens airstrike policy in Afghanistan«, in: *The New York Times* (22. Juni 2009); ferner Tyson, Ann Scott, »New approach to Afghanistan likely«, in: *The Washington Post* (3. Juni 2009).

41 »Anti-U.S. sentiment has already been increasing in Pakistan [...] especially in regard to cross-border and reported drone strikes, which Pakistanis perceive to cause unacceptable civilian casualties«. So General D. Petraeus zitiert in: DeYoung, Karen, »Al-Qaeda seen as shaken in Pakistan«, in: *The Washington Post* (1. Juni 2009).

42 Sind von 2004 und bis August 2008 etwa ein Dutzend drohnengestützte Angriffe bekannt, so lag zwischen September 2008 und Mitte März 2009 die Zahl der Angriffe bei mindestens 38. Dabei wurden angeblich neun von 20 führenden Kommandeuren der Taliban und al-Qaida getötet. Vgl. Mazetti, Mark/Sanger, David E., »Obama expands missile strikes inside Pakistan«, in: *The New York Times* (21. Februar 2009); Miller, Greg, »U.S. missile strikes take heavy toll on Al Qaeda, officials say«, in: *Los Angeles Times* (22. März 2009); Mazetti, Mark/Eric Schmitt, »U.S. takes to air to hit militants inside Pakistan«, in: *The New York Times* (27. Oktober 2008).

pakistanischen Militär können nun auch die amerikanischen Streitkräfte ihre Predator-Drohnen einsetzen – und zwar vor allem gegen Taliban-Gruppen.[43] Schwierig zu bewerten-de nachrichtendienstliche Informationen über Zielpersonen und ein hoher Zeitdruck erhöhen geradezu zwangsläufig das Risiko, mit solchen Angriffen unbeteiligte Zivilisten zu tref-fen.[44]

Nicht nur aus moralischen, sondern auch aus politisch-stra-tegischen Gründen stellt sich für Kritiker in den USA die Frage, ob die Obama-Regierung die Prioritäten richtig setzt: ob die Verfolgung des Ziels, einen sicheren Zufluchtsraum für al-Qaida in Afghanistan zu verhindern, nicht vielmehr das wichtigere Ziel gefährde, nämlich die Stabilität des Atom-waffenstaates Pakistan.[45] Doch offenbar hält die Obama-Regierung die Tötung einzelner Extremisten und den Druck auf ihre Organisationen für so wichtig, daß sie die Entfrem-dung der Zivilbevölkerung und das Risiko, den Taliban und al-Qaida weiteren Zulauf zu verschaffen, in Kauf nimmt.[46] Offenbar sieht Washington keine Alternative zu intensivier-

43 Vgl. Barnes, Julian E./Greg Miller, »Pakistan gets a say in drone attacks on militants«, in: *Los Angeles Times* (13. Mai 2009).

44 So die Einschätzung eines ehemaligen *military target official* in Schmitt, Eric/Christopher Drew, »More drone attacks in Pakistan planned«, in: *The New York Times* (7. April 2009). Nach Zahlen, die von pakistani-schen Behörden vorgelegt wurden, trafen von 60 drohnengestützten An-griffen zwischen Januar 2006 und April 2009 aufgrund unzutreffender Geheimdiensteinschätzungen nur zehn ihr tatsächliches Ziel. Dabei wur-den angeblich 14 al-Qaida-Führer getötet – und 687 pakistanische Zivi-listen. Vgl. Kilcullen, David/Andrew McDonald Exum, »Death from above, outrage down below«, in: *The New York Times* (17. Mai 2009).

45 Zur Kritik vgl. Markey, Daniel, *From AfPak to PakAf. A Response to the New U. S. Strategy for South Asia*, New York: Council on Foreign Re-lations, Policy Options Paper, April 2009; Schmitt, Eric/Jane Perlez, »Strikes worsen Qaeda threat, Pakistan says«, in: *The New York Times* (25. Februar 2009).

46 Vgl. Byman, Daniel, »Taliban vs. Predator. Are targeted killings inside Pakistan a good idea?«, in: *Foreign Affairs* (18. März 2009), online ver-

ten Angriffen.[47] An einen Einsatz amerikanischer Bodenstreitkräfte in Pakistan denkt auch Barack Obama nicht. Diese »rote Linie« Islamabads wird akzeptiert.[48] Die militärische Präsenz der USA beschränkt sich auf militärische Berater und Spezialisten (von 70 war im Februar 2009 die Rede), welche die pakistanischen Kräfte im Kampf gegen al-Qaida und Taliban unterstützen.[49]

Die pakistanische Armee soll in die Lage versetzt werden, »nachhaltige *counterinsurgency*-Operationen« (*sustained counterinsurgency operations*) durchzuführen.[50] Zu diesem Zweck hofft die Obama-Regierung für das Haushaltsjahr 2010 insgesamt 400 Millionen US-Dollar vom Kongreß bewilligt zu bekommen. Zudem sind 400 Millionen US-Dollar an Wirtschaftshilfe als Anreiz für die pakistanische Zusammenarbeit bei der Bekämpfung militanter Extremisten vorgesehen. Ein weiteres Programm, der von den Senatoren Kerry und Lugar eingebrachte »Enhanced Partnership with Pakistan Act«, beinhaltet die Verdreifachung der nichtmilitärischen Hilfe auf 1,5 Milliarden US-Dollar jährlich – und das Programm soll über fünf Jahre laufen. Es geht dabei vor allem

fügbar unter: ⟨http://www.foreignaffairs.com/articles/64901/daniel-by
man/taliban-vs-predator⟩ (Stand: August 2009).

47 Zudem erscheint die Vermutung nicht abwegig, daß die mit Verhaftung und Strafverfolgung mutmaßlicher Terroristen verbundenen Probleme Anreize geschaffen haben, gezielte Tötungen zu bevorzugen. Vgl. McManus, Doyle, »U. S. drone attacks in Pakistan ›backfiring‹, congress told«, in: *Los Ángeles Times* (3. Mai 2009).

48 Marquand, Robert, »Holbrooke: Western Pakistan key to resolving Afghanistan war«, in: *The Christian Science Monitor* (23. März 2009).

49 Vgl. Eric Schmitt/Jane Perlez, »U. S. unit secretly in Pakistan lends ally support«, in: *The New York Times* (23. Februar 2009).

50 Holbrooke, Richard C., *Statement by Special Representative for Afghanistan and Pakistan, Department of State before House Committee on Foreign Affairs*, Washington, D. C., 5. Mai 2009, S. 3, online verfügbar unter: ⟨http://foreignaffairs.house.gov/111/hol050509.pdf⟩ (Stand: August 2009).

darum, die Lebensbedingungen der pakistanischen Bevölkerung zu verbessern; so sollen mit den Geldern Schulen, Krankenhäuser und Straßen gebaut werden.

Auch wenn die US-Regierung auf Pakistan einzuwirken versucht und dabei nicht ganz erfolglos ist, bleibt doch die Frage: Wie lassen sich Militär und Geheimdienst dazu bewegen, ihr Doppelspiel und die Unterstützung militanter Extremisten zu beenden? Teilen des pakistanischen Geheimdienstes geht es nach wie vor darum, im Hinblick auf die Machtrivalität mit Indien den Einfluß auf die Entwicklungen in Afghanistan nicht zu verlieren – gerade für die Zeit nach dem Abzug der westlichen Truppen.[51] Fraglich ist zudem, ob das pakistanische Militär ein Interesse an einem stabilen Afghanistan unter amerikanischem Einfluß haben kann.[52] Denn dann verlöre Pakistan an Bedeutung für die USA; ohne Sicherheitsbedrohungen ginge aller Erfahrung nach die amerikanische Militär- und Wirtschaftshilfe zurück.

Strategische Probleme

Barack Obama hat sich keineswegs eine enge Ausrichtung seiner Politik gegenüber Afghanistan und Pakistan auf *counterterrorism* zu eigen gemacht. Manche Beobachter und Experten in den USA hatten dies gehofft, andere befürchtet. Im Rahmen einer reinen *counterterrorism*-Strategie ginge es

51 Vgl. Mazetti, Mark / Eric Schmitt, »Afghan strikes by Taliban get Pakistan help, U.S. aides say«, in: *The New York Times* (26. März 2009).
52 Zur Problematik vgl. Rubin, Barnett R., »Defining commitments«, in: *The American Interest*, Mai / Juni 2008, S. 43-50 (48); Strmecki, Marin, *Testimony before Senate Armed Services Committee, Hearing on Strategic Options in Afghanistan and Pakistan*, Washington, D.C., 26. Februar 2009, online verfügbar unter: ⟨http://armed-services.senate.gov/state mnt/2009/February/Strmecki%2002-26-09.pdf⟩ (Stand: August 2009).

nicht darum, die Taliban zu jagen und »gesäubertes« Territorium zu halten; man würde eher defensive Militäroperationen in strategisch wichtigen Gebieten durchführen; Auf-
bauhilfe käme vor allem stabilen Gebieten zugute, in denen
es bereits Erfolge gab. Eine solche Politik, so argumentieren
die Befürworter, zwänge die Gegner der Taliban, sich zu-
sammenzuschließen.[53] Aus ihrer Sicht droht eine Truppen-
verstärkung den afghanischen Nationalismus »entflammen«
zu lassen, mehr fremde Einmischung in Staat und Gesellschaft nehme der afghanischen Regierung nur die Verantwortung ab und »ermutige« sie, unverantwortlich zu handeln. Dieser Einschätzung liegt die Annahme zugrunde, die Präsenz
der westlichen Truppen sei einer der wichtigsten politischen
Gründe für das Erstarken der Taliban.

Dem *counterinsurgency*-Ansatz zufolge ist die amerikanische Truppenpräsenz jedoch nicht die eigentliche Ursache für
das Problem. Die *counterinsurgency*-Doktrin beruht generell auf der Annahme, über *good governance* lasse sich die
Loyalität der Bevölkerung gewinnen. Die Möglichkeit, daß
in einem Land, wie ein Kritiker süffisant schrieb, »viele Leute
die einheimische und religiöse Unterdrückung den Freihei-
ten vorziehen, die von fremden Invasoren angeboten werden«, kommt in diesem Ansatz nicht vor.[54] Die Regierung
Obama sieht die Grundursache für die Aufstandsbewegung

53 Vgl. Stewart, Rory, »Obama and Afghanistan: The ›good war‹ isn't worth
   fighting«, in: *International Herald Tribune* (24. November 2008); Stewart, Rory, »How to save Afghanistan«, in: *Time* (17. Juli 2008); Dor-
   ronsoro, Gilles, *Focus and Exit. An Alternative Strategy for the Afghan
   War*, Washington: Carnegie Endowment for International Peace, Januar
   2009.
54 Luttwak, Edward, »Dead end. Counterinsurgency warfare as military
   malpractice«, in: *Harper's Magazine*, Februar 2007 (»where many people
   prefer indigenous and religious oppression to the freedoms offered by
   foreign invaders«).

in der sozio-ökonomischen Krise und der politischen Desintegration, die von Taliban und al-Qaida für eigene Zwecke genutzt würden.[55] Diese Sicht entspricht einer gängigen Erklärung, wie sie die politiknahe Forschung anbietet, die vor allem zwei Faktoren für das Entstehen der Aufstandsbewegung identifiziert: als ermöglichende Bedingung den Zerfall staatlicher Strukturen und als motivierenden Faktor die extreme sunnitische Ideologie des *jihad*.[56] Merkwürdig unterbelichtet bleibt in dieser Analyse der Umstand, daß das Extremismusproblem in Afghanistan und in geringerem Maße auch in Pakistan vor allem in einer ethnolinguistischen Gruppe, den Paschtunen, konzentriert ist. Daß die westliche Politik die Aufstandsbewegung gespeist haben könnte, bleibt weitgehend ausgeblendet: Diese Politik beruhte bislang auf der Annahme, die Reichweite und der Zugriff der zentralen Regierungsgewalt müsse auf das ganze Land ausgedehnt werden – was nach Sicht mancher Experten dem paschtunischen Tribalismus zuwiderläuft.[57]

Ob das angebliche Erfolgsrezept der Aufstandsbekämpfung tatsächlich der Situation in Afghanistan angemessen und ob seine konsequente Anwendung wirklich der Schlüssel zum Erfolg ist, wird in der amerikanischen Debatte erst

55 Flournoy, Michèle (Under Secretary of Defense for Policy), *Statement before the Senate Armed Services Committee*, 1. April 2009, online verfügbar unter: ⟨http://armed-services.senate.gov/statemnt/2009/April/Flournoy%2004-01-09.pdf⟩ (Stand: August 2009).

56 Vgl. Jones, Seth G., »The rise of Afghanistan's insurgency. state failure and jihad«, in: *International Security*, 32/4, S. 7-40; ders., *Getting Back on Track in Afghanistan, Testimony presented before the House Foreign Affairs Committee, Subcommittee on the Middle East and South Asia*, Washington, D.C., 2. April 2008, online verfügbar unter: ⟨http://foreignaffairs.house.gov/111/jon040209.pdf⟩ (Stand: August 2009).

57 Vgl. Johnson, Thomas H./Mason, M. Chris, »No sign until the burst of fire. Understanding the Pakistan-Afghanistan frontier«, in: *International Security*, 32/4, Frühjahr 2008, S. 41-77.

langsam reflektiert. Dabei sind weitere Fragezeichen ange-bracht:[58] Die »Säuberung« eines Territoriums von den Tali-ban setzt voraus, daß klar zwischen Aufständischen und Be-völkerung unterschieden werden kann. Doch die Taliban sind kulturell und sozial Teil der paschtunischen Stammesgesell-schaft. Der Doktrin zufolge gilt es, den harten Kern der Auf-ständischen zu eliminieren und den weniger entschlossenen größeren Teil mit materiellen Anreizen aus der Aufstands-bewegung herauszulösen. Die gewaltsame Eliminierung des harten Kerns könnte unter den sozialen und kulturellen Be-dingungen der paschtunischen Gesellschaft statt einer pazi-fierenden eine gewaltsteigernde Wirkung zeitigen. Der zwei-te Kern der *counterinsurgency*-Doktrin, das »Halten« einmal gesäuberten Territoriums, setzt nicht nur eine umfangreiche Truppenstärke voraus, sondern auch, daß die betroffene Be-völkerung diese massive Präsenz eben nicht als Besatzung ansieht, die wiederum Widerstand provoziert.

Auch im Falle Pakistans wurde gegenüber der US-Strate-gie kritisch eingewandt, die ethnische Dimension des Kon-flikts werde ausgeblendet, deren Berücksichtigung sei aber eine Erfolgsvoraussetzung. Denn ethnopolitische Spannun-gen sind in Pakistan historisch tief verwurzelt.[59] Die Taliban sind Paschtunen, die pakistanische Armee setzt sich aus Pun-jabis zusammen. Militäraktionen der pakistanischen Armee und amerikanische Drohnenangriffe führten zu einer Poli-tisierung und Radikalisierung unter den Paschtunen; die Ta-

58 Zum Folgenden vgl. Beaumont, Peter, »Clear, hold, build? Not in Afgha-nistan«, in: *The Guardian* (14. Juli 2009).
59 Vgl. Harrison, Selig S., *Pakistan. The State of the Union*, Washing-ton, D. C.: Center for International Policy, Special Report, April 2009, S. 13-23; ders., »Pakistan's ethnic fault line«, in: *The Washington Post* (11. Mai 2009).

liban profitierten davon, da sie sich auch als Sachwalter des paschtunischen Nationalismus gerieren konnten. Der Kampf der Armee in den paschtunischen Gebieten erhöht aus dieser Sicht das Risiko eines Bürgerkriegs und könnte das Streben nach einem unabhängigen »Paschtunistan« im afghanisch-pakistanischen Grenzgebiet nähren.

Obamas Dilemma

Mit seiner Af-Pak-Strategie hat sich Barack Obama entschieden, Amerikas Macht und Prestige für ein ambitioniertes Projekt einzusetzen, in dem sich die Ansätze der *counterinsurgency* und des *statebuilding* vermengen. Der afghanische Staat soll in die Lage versetzt werden, die Sicherheitsprobleme allein zu bewältigen; dann, so die Erwartung, eröffnet sich für die USA die Möglichkeit des Truppenabzugs.[60]

Außenpolitisch wird Obamas Präsidentschaft in den USA sehr stark an Verlauf und Ausgang dieses Krieges gemessen werden. Einiges hängt davon ab, ob die sicherheitspolitische Bürokratie in der Lage ist, die mehrdimensionale strategische Konzeption umzusetzen – und das heißt vor allem auch die notwendigen Ressourcen und das notwendige Personal zu mobilisieren und jene Koordinations- und Kooperationsprobleme zwischen den beteiligten Institutionen, aber auch zwischen den vielen in Afghanistan engagierten Staaten und

60 Vgl. Flournoy, Michèle/Bruce Riedel/Richard Holbrooke, *Press Briefing on the New Strategy for Afghanistan and Pakistan*, Washington, D. C.: The White House, 27. März 2009, online verfügbar unter: ⟨http://www. whitehouse.gov/the_press_office/Press-Briefing-by-Bruce-Riedel-Ambassador-Richard-Holbrooke-and-Michelle-Flournoy-on-the-New-Strategy-for-Afghanistan-and-Pakistan/⟩ (Stand: August 2009).

Organisationen in den Griff zu bekommen, die Experten über Jahre hinweg immer wieder beklagten.[61]

Es ist eine Strategie, die dem Prinzip Hoffnung folgt: der Hoffnung nämlich, Fortschritte in einzelnen Bereichen, also bei der Bekämpfung der Aufständischen, beim Ausbau der afghanischen Sicherheitskräfte, bei wirtschaftlichen Aufbauleistungen, würden sich gegenseitig verstärkende Effekte haben.[62] Eine solche Strategie braucht Zeit, ihr Erfolg ist bei weitem nicht sicher. Doch Zeit könnte aus innenpolitischen Gründen knapp werden. Aus Sicht der amerikanischen Militärs bleibt nicht allzuviel Zeit, um der amerikanischen Öffentlichkeit und dem Präsidenten zu zeigen: Die Aufgabe in Afghanistan ist erfüllbar. Kommt es zu keinen sichtbaren Erfolgen, dann wird sich Afghanistan zu einem Wahlkampfthema entwickeln; denn im November 2010 finden die nächsten Kongreßwahlen statt.[63]

Unter Demokraten im Kongreß ist die Sorge über eine kostspielige Verwicklung mit unsicheren Erfolgsaussichten gewachsen. Zweifel an der Politik in Afghanistan und Kritik an einer Eskalation des Krieges ohne klare Abzugsstrategie kamen anfänglich vor allem von Linksliberalen im Kongreß, von den Mitgliedern des Congressional Progressive Caucus. Das Ausgabengesetz, das die Mittel für Irak und Afghanistan enthält, traf im Repräsentantenhaus Mitte Mai 2009 auf 51 Gegenstimmen unter den Demokraten; von den Republikanern

---

61 Vgl. Kitfield, James, »Can the national security bureaucracy carry out an ambitious Afghanistan strategy?«, in: *National Journal* (2. Mai 2009).
62 So O'Hanlon, Michael/Andrew Shearer, »From losing to winning in Afghanistan«, in: *The Washington Times* (3. Oktober 2008).
63 Vgl. Ignatius, David, »Obama's foreign policy report card«, in: *The Washington Post* (26. Juli 2009); Hoagland, Jim, »Foreign policy on deadline«, in: *The Washington Post* (20. Juli 2009).

stimmten nur neun dagegen.[64] Mittlerweile haben auch einige führende Demokraten ihre Skepsis geäußert. David Obey, der Vorsitzende des Bewilligungsausschusses, gibt der Regierung bis Sommer 2010 Zeit, um Fortschritte zu erzielen. Obey, seit 1969 Abgeordneter im Kongreß, erinnerte an seine Position im Vietnam-Krieg: Damals wandte er sich gegen eine Fortsetzung des Krieges, nachdem er nach Ablauf des ersten Amtsjahrs von Präsident Nixon die erwartete Änderung der Politik nicht gesehen hatte. Carl Levin, der in Militärfragen einflußreiche Vorsitzende des Streitkräfteausschusses im Senat, sprach sich im September 2009 vorerst gegen eine weitere Verstärkung der amerikanischen Streitkräfte in Afghanistan aus; erst einmal seien die Anstrengungen beim Aufbau der aghanischen Armee zu intensivieren. Diese Äußerungen reflektieren das wachsende Unbehagen gerade unter der demokratischen Wählerschaft mit dem Krieg in Afghanistan und einem verstärkten militärischen Engagement.[65]

Noch im Herbst 2009 waren die Republikaner im Kongreß und ihre Wählerschaft weitgehend unberührt von solchen Zweifeln. Doch unter Republikanern könnte die Versuchung wachsen, sich gegen »Obamas Krieg« zu wenden. Sollten die amerikanischen Verluste und die Kosten steigen und die Erfolgsaussichten schwinden, so könnte die Unterstützung im Kongreß erodieren. Im Haushaltsjahr 2008 kostete der Krieg

64 Vgl. Bacon, Perry, »House passes war funds as 51 democrats dissent«, in: *The Washington Post* (15. Mai 2009).
65 Vgl. Herszenhorn, David M., »For democrats, unease grows over national security policy«, in: *The New York Times* (15. Mai 2009); Epstein, Edward, »Pelosi won't back obey's call for timelines in war supplemental«, in: *Congressional Quarterly Today* (6. Mai 2009); Schmitt, Eric / David E. Sanger, »Obama facing doubts within his own party on Afghanistan«, in: *The New York Times* (11. September 2009); Agiesta, Jennifer / Jon Cohen, »Public opinion in U. S. turns against Afghan war«, in: *The Washington Post* (20. August 2009).

in Afghanistan die amerikanischen Steuerzahler 34 Milliarden US-Dollar, im folgenden bereits 55 Milliarden US-Dollar. Für das Haushaltsjahr 2010 forderte die Regierung 68 Milliarden US-Dollar für den Krieg in Afghanistan – und damit erstmals mehr als für die Streitkräfte im Irak, für die 62 Milliarden US-Dollar vorgesehen sind.[66] Nimmt man Irak als Maßstab, so ist bei einer Intensivierung der Aufstandsbekämpfung in Afghanistan mit einer Zahl von 50 bis 100 getöteten Soldaten pro Monat auszugehen – und das vielleicht über einen Zeitraum von Jahren.[67]

Auch wenn Barack Obama den Krieg in Afghanistan/Pakistan als »notwendigen Krieg« darstellt, so ist doch die ursprüngliche Begründung, die auch er in den Vordergrund gerückt hat, auf Dauer möglicherweise immer schwerer überzeugend zu vermitteln – nämlich die Verknüpfung mit der Bekämpfung al-Qaidas. Jene Stimmen könnten größeres Gehör finden, die kritisch fragen, ob und wie sehr al-Qaida tatsächlich von einem Zufluchtsraum in Afghanistan profitieren würde: Selbst wenn die Taliban an die Macht kämen, so müßten sie mit einer Intervention rechnen, wenn sie erneut international agierenden Terroristen Zuflucht und Schutz gäben.[68]

---

66 Vgl. Amy Belasco, *The Cost of Iraq, Afghanistan, and Other Global War on Terror Operations Since 9/11*, Washington: Congressional Research Service, 15. Mai 2009 (S. 8 und 19).

67 Vgl. Biddle, Stephen, *Afghanistan, Iraq, and US Strategy in 2009, Statement Before the House Committee on Armed Services*, Washington, D. C., 12. Februar 2009 (S. 4-5), online verfügbar unter: ⟨http://armedservices.house.gov/pdfs/FC021209/Biddle_Testimony021209.pdf⟩ (Stand: August 2009).

68 Vgl. Mueller, John, »How dangerous are the Taliban?«, in: *Foreign Affairs* (15. April 2009), online verfügbar unter: ⟨http://www.foreignaffairs.com/articles/64932/john-mueller/how-dangerous-are-the-taliban⟩ (Stand: September 2009); Healy, Gene, »Staying in Afghanistan is the wrong strategy«, in: *The Examiner*, 26. Juni 2009, online verfügbar unter: ⟨http://www.washingtonexaminer.com/⟩ (Stand: August 2009).

Neue Trainingslager von al-Qaida in Afghanistan wären militärisch nicht allzu schwer auszuschalten, etwa durch den Einsatz von Drohnen. Mit dem erklärten Ziel, Terroristen ein Rückzugsgebiet in Afghanistan zu verweigern, läßt sich eine immer kostspieligere militärische Verwicklung auf längere Sicht vielleicht nur noch schwer begründen. Auch die befürchteten Auswirkungen auf Pakistan sind keineswegs gewiß; eine Destabilisierung Pakistans mag im Falle eines Sieges der Taliban wahrscheinlicher sein, sicher ist ein solcher Domino-Effekt jedoch nicht. Selbst wenn es gelänge, Afghanistan zu stabilisieren, so wäre die Gefahr eines Zusammenbruchs Pakistans nicht auszuschließen. Die strategische Bedeutung Afghanistans ist so leicht nicht anschaulich zu vermitteln. Der erwarteten Auswirkung eines Sieges der Taliban auf die amerikanischen Sicherheitsinteressen liegen hypothetische Kausalannahmen über das Eintreten des schlimmsten Falls zugrunde. Das dürfte auf Dauer die Legitimation des Krieges gegenüber Öffentlichkeit und Kongreß erschweren.[69] Das gilt um so mehr, als der Präsident und seine führenden Mitarbeiter selbst nicht frei von Zweifeln an dem von ihnen eingeschlagenen Kurs zu sein scheinen. Diese waren nach den von massivem Wahlbetrug überschatteten afghanischen Präsidentschaftswahlen vom August 2009 deutlich zu vernehmen. Denn ohne eine von der afghanischen Bevölkerung weithin als legitim akzeptierte Regierung in Kabul fehlt es den USA an einem glaubwürdigen Partner und damit an einer Voraussetzung für eine erfolgversprechende *counterinsurgency*-Strategie.[70]

69 Vgl. Biddle, Stephen, *Afghanistan, Iraq, and US Strategy in 2009. Statement Before the House Committee on Armed Services*, Washington, D.C., 12. Februar 2009, S. 2-9.
70 Vgl. Chandrasekaran, Rajiv/Karen DeYoung, »Changes Have Obama Rethinking War Strategy«, in: *The Washington Post* (21. September 2009).

Präsident Obama ist in einem Dilemma gefangen:[71] Er kann entweder auf dem eingeschlagenen Weg mit all seinen Kosten und Risiken voranschreiten und bei ausbleibenden Fortschritten das militärische Engagement in der Hoffnung verstärken, die Entwicklung doch noch umdrehen zu können. Oder er betreibt bei ausbleibendem Erfolg und bröckelnder innenpolitischer Unterstützung so früh wie möglich eine Politik des *disengagement* – und nimmt damit vielleicht eine Machtübernahme der Taliban oder gar einen Zusammenbruch Pakistans in Kauf. Heikler könnte die Erblast nicht sein, die Barack Obama übernehmen mußte und die er sich zu Beginn seiner Präsidentschaft so entschlossen zu eigen machte.

---

71 Deutlich formuliert von Biddle, Stephen, »Is it worth it? The difficult case for war in Afghanistan«, in: *The American Interest*, Juli/August 2009.

VI.

Die »neue« amerikanische Herausforderung. Folgen für die deutsche Amerikapolitik

Die Erneuerung der globalen Führungsrolle der USA ist das außenpolitische Großprojekt Barack Obamas. In der Anfangsphase der neuen Präsidentschaft ging es vor allem darum, die Legitimität des Führungsanspruchs durch den deklaratorischen Bruch mit den imperialen Zuspitzungen der Außenpolitik unter Bush und der Abkehr von dessen Exzessen im »Globalen Krieg gegen den Terror« zu untermauern. Unter Obama haben sich die Vereinigten Staaten auf die Handlungslogik einer »wohlwollenden« Ordnungsmacht zurückbesonnen, die multilaterale Institutionen für eigene Zwecke, aber auch für die Einbindung anderer Staaten nutzt, die ihren Führungsanspruch mit ordnungspolitischen Leistungen erfüllt und die die Beziehungen zu anderen Großmächten möglichst kooperativ gestaltet, um sie für ein Mächtekonzert unter eigener Führung zu gewinnen.

Der außenpolitische Wandel beschränkt sich nicht auf die grundlegende strategische Orientierung. Der neue Führungsanspruch schlägt sich auch in einer veränderten Politik in wichtigen Feldern der Außen- und Sicherheitspolitik nieder. Die Abrüstungspolitik hat Obama auf ein geradezu utopisches Ziel hin ausgerichtet, das innenpolitisch indes strittig bleibt. Er hat zwar die amerikanisch-russische Abrüstungsdiplomatie wiederbelebt; doch noch ist offen, ob es ihm gelingen wird, seine Vision einer atomwaffenfreien Welt als langfristiges Ziel in der amerikanischen Sicherheitsbürokratie zu verankern. In der Klimapolitik haben die USA ihre Blokkaderolle aufgegeben. Präsident Obama und der mehrheitlich demokratische Kongreß sind dabei, die gesetzlichen Grundsteine für einen Politikwechsel zu legen – auch wenn Washington damit noch längst nicht zum Vorreiter in der Klimapolitik mutiert. In der Nah- und Mittelost-Politik haben die Vereinigten Staaten den Weg aus der Sackgasse gefunden, in die sie Bush manövriert hatte. Die USA sind im israelisch-palästinensischen Konflikt zur Rolle des Vermittlers zurückgekehrt, sie haben mit der vorsichtigen Annäherung an Syrien und mit dem Angebot eines bedingten *engagement* an Iran ihre Handlungsmöglichkeiten erweitert – doch das alles zu einer Zeit, in der die Chancen für einen Erfolg bei der Regelung des israelisch-palästinensischen Konflikts und für einen Kompromiß mit Iran in der Atomfrage keineswegs günstig sind. In Afghanistan scheint Obama willens, Amerikas Macht weit stärker als bisher in den Dienst einer umfassenden langfristigen Strategie der Aufstandsbekämpfung zu stellen. Doch wegen der steigenden Kosten und der unsicheren Erfolgsaussichten ist die Zustimmung zu diesem Krieg in der amerikanischen Gesellschaft und im Kongreß am Schwinden; das Engagement in Afghanistan dürfte sich bald zu einer starken Belastung für Obamas Präsidentschaft entwickeln.

Mit dem von ihm eingeleiteten außenpolitischen Wandel und mit seinem Charisma gelang es Barack Obama, die weltweite Wahrnehmung der Vereinigten Staaten zu verändern und den dramatischen Ansehensverlust des Landes wieder rückgängig zu machen, der unter seinem Vorgänger zu verzeichnen war. Das gilt vor allem für das Image in Europa, allerdings nicht oder weit weniger für islamische Länder. Das Vertrauen, daß die USA in der internationalen Politik das »Richtige« tun, ist gerade in Deutschland sehr stark gestiegen. Hatten im letzten Amtsjahr Bushs nur 14 Prozent der

Deutschen ein solches Grundvertrauen, so waren es nach kaum einem halben Jahr der Präsidentschaft Obamas 93 Prozent – auch wenn in Deutschland wie in vielen anderen Ländern eine frühe Richtungsentscheidung Obamas keineswegs auf überwiegende Zustimmung traf: die Verstärkung des militärischen Engagements in Afghanistan.[1]

Man kann es nicht genügend betonen: Die in den einzelnen Politikfeldern sich konkretisierende Rekonstruktion der amerikanischen Weltpolitik, wie sie sich Barack Obama zum Ziel gesetzt hat, ist ein Projekt von enormer Bedeutung für die internationale Ordnung, für die Bewahrung und Weiterentwicklung jener formellen und informellen Institutionen, die eine regelgeleitete Interaktion zwischen Staaten und die Bewältigung kollektiver Herausforderungen ermöglichen.[2] Gelingt den USA die dauerhafte Erneuerung einer legitimen Führungsrolle nicht, so könnte eine internationale Konstellation ohne globale Ordnungsmacht entstehen. Im Hinblick auf ihre materiellen Machtressourcen wären Europa und China vielleicht in der Lage, eine weltweite Ordnungsfunktion zu übernehmen. Es ist jedoch eher unwahrscheinlich, daß Europa die politische Fähigkeit und den Willen dazu aufbringen kann. China dürfte es an Legitimität für die Durchsetzung eines solchen Anspruchs fehlen.[3] Eine Alternative zur

1 Vgl. The Pew Global Attitudes Project, *Confidence in Obama Lifts U. S. Image Around the World*, Washington, 23. Juli 2009.

2 Zum Verständnis internationaler Ordnung als »a formal or informal arrangement that sustains rule-governed interaction among sovereign states in their pursuit of individual and collective goals« siehe Alagappa, Muthiah, »The study of international order. An analytical framework«, in: Alagappa, Muthiah (Hg.), *Asian Security Order. Instrumental and Normative Features*, Stanford: Stanford University Press 2003 (S. 33-69, Zitat S. 39).

3 Vgl. Buzan, Barry, »A Leader without followers? The United States in world politics after Bush«, in: *International Politics*, 45, 2008, S. 554-570, besonders S. 565 ff.

Weltmacht USA ist auf längere Zeit nicht in Sicht. Doch die Fähigkeit zur Wahrnehmung einer globalen Führungsrolle hängt von einigen Voraussetzungen ab: Die amerikanische Wirtschaft gewinnt eine dauerhafte Stärke zurück; die militärische Macht kann ohne »Überdehnung« bewahrt werden; Washington verschleudert die »weiche« Macht nicht wieder mit einer überheblichen unilateralen Politik; die Einstellungen in der amerikanischen Gesellschaft wandeln sich nicht grundlegend – etwa in Reaktion auf eine Reihe einschneidender Ereignisse – und die außenpolitische Elite definiert die nationalen Interessen weiter in einem breiten ordnungspolitischen Sinne.[4]

Gewiß läßt sich darüber streiten, wie die mögliche Entwicklung einer regionalisierten Weltordnung zu bewerten wäre, in der die USA ihre bisherigen globalen Aufgaben nicht mehr ausübten. Zumindest im Bereich internationaler Sicherheit sind die Vereinigten Staaten, zugespitzt formuliert, bislang gleichsam das funktionale Äquivalent zu einer »Weltregierung«.[5] Nun ist, wie der Politikwissenschaftler Joseph Nye einmal treffend formulierte, internationale Sicherheit so etwas wie Sauerstoff: Man bemerkt sie in der Regel erst, wenn sie dahinschwindet.[6] Zwar sind kontrafaktische Spekulationen immer problematisch. Gleichwohl ist eine ausgewogene Bewertung der internationalen Leistungen der USA nicht ohne gedankliche Berücksichtigung der Alternative möglich: Was wären die Folgen für die internationale Ord-

4 Vgl. Nye, Joseph S., Jr., »Recovering American leadership«, in: *Survival* 50/1 (Februar/März 2008), S. 55-68.
5 So die These von Mandelbaum, Michael, *The Case for Goliath. How America Acts as the World's Government in the Twenty-First Century*, New York: Public Affairs, 2005.
6 Nye, Joseph S., jr., »The case for deep engagement«, in: *Foreign Affairs* 74/4 (Juli/August 1995), S. 90-102.

nung, wenn Amerika als Führungsmacht ausfiele? Wie sähe die Welt aus, wenn die Vereinigten Staaten nicht letzter Garant der Ölsicherheit wären, wenn sie in Ostasien nicht als Gleichgewichtsmacht eine stabilisierende Funktion ausübten, wenn sie nicht mit Sanktionen und mit Anreizen das globale nukleare Nichtverbreitungsregime zu bewahren suchten?

Hegemonie in Gestalt einer starken Führungsmacht ist, so lautet eine Standardannahme in Politik- und Wirtschaftswissenschaft, der internationalen Zusammenarbeit förderlich.[7] *Nichthegemoniale Kooperation* – vorangetrieben durch eine kleine Gruppe von Staaten, die in ihren Zielen übereinstimmen – ist im Rahmen internationaler Organisationen und durch Nichtregierungsorganisationen möglich. Das gilt zumindest dort, wo internationale Zusammenarbeit vor allem auf Überzeugungsarbeit und der Bereitstellung von Ressourcen beruht. Anders verhält es sich, wenn es darum geht, internationale Zusammenarbeit in Bereichen zu organisieren, in denen sich nur mit Anreiz und Zwang die Einhaltung von Abkommen sichern läßt. Dann ist die ordnungspolitische Leistung eines starken Staates oft nicht zu ersetzen.[8]

Das grundlegende Manko einer internationalen Ordnung ohne eine Globalmacht dürfte das Management weltweiter kollektiver Probleme sein, nicht zuletzt im Umweltbereich.

7 Zum Folgenden vgl. Kydd, Andrew, »In America we (used to) trust. U. S. hegemony and global cooperation«, in: *Political Science Quarterly* 120/4 (2005-06), S. 619-636.

8 Vgl. Stiles, Kendall, *Theories of Non-hegemonic Cooperation*, Paper presented at the annual meeting of the International Studies Association, Honolulu, Hawaii, 1.-5. 3. 2005. – Ein Hegemon ist nicht notwendigerweise weiterhin erforderlich, um die Kooperation innerhalb bestehender Regime zu sichern. Diese Möglichkeit einer »post-hegemonic cooperation« ist zentrales Thema von Robert O. Keohane, *After Hegemony. Cooperation and Discord in the World Political Economy*, Princeton: Princeton University Press, 1984.

Schwierig dürfte auch die Bewahrung der Stabilität in jenen Regionen wie dem Nahen Osten und Teilen Afrikas sein, in denen keine starken Regionalmächte in positivem Sinne ordnungsstiftend wirken. Insofern dürfte auf absehbare Zeit die globale Rolle der USA in mancher Hinsicht tatsächlich unverzichtbar bleiben.[9]

Akzeptiert man diese Annahme, dann muß es in der deutschen Politik gegenüber den USA darum gehen, einerseits jene positiven Elemente einer im Sinne liberaler Hegemonie verstandenen Führung zu unterstützen – und zwar mit Worten, aber auch mit Taten. Andererseits bleibt es notwendig, anstößige, dem eigenen Interessen- und Werteverständnis widersprechende Tendenzen amerikanischer Außenpolitik deutlich zu kritisieren.[10]

Auch in Zukunft, auch unter Barack Obama wird amerikanische Außenpolitik nicht immer mit deutschen Präferenzen übereinstimmen, und »weiche Gegenmachtbildung« (»soft balancing«[11]) ist dann eine sinnvolle Option: Das kann die Nutzung internationaler Institutionen sein, um amerikanische Machtausübung zu beschränken, zumindest darauf Einfluß zu nehmen. Das kann auch die Verweigerung internationaler Legitimität für amerikanisches Handeln oder für bestimmte Politikkonzepte bedeuten. Weiche Gegenmachtbildung kann schließlich auch in der Übernahme einer eigen-

9 Vgl. Buzan, »A leader without followers«, besonders S. 565 ff.
10 Hierzu siehe die Überlegungen von Buzan, Barry, *The United States and the Great Powers. World Politics in the Twenty-First Century*, Cambridge: Polity, 2004, S. 187-195.
11 Der Begriff wird hier in einer weiteren Bedeutung gebraucht als bei Robert Pape, der ihn, wenn nicht geprägt, so doch verbreitet hat. Er definiert »soft balancing« als die Nutzung nichtmilitärischer Mittel, um dem überlegenen Staat bei der Nutzung militärischer Macht Fesseln anzulegen (Pape, Robert A., »Soft balancing against the United States«, in: *International Security* 30/1 (Stand: Sommer 2005), S. 7-45 (S. 36).

ständigen faktensetzenden internationalen Führung in jenen Politikfeldern bestehen, in denen die USA aus innenpolitischen oder ideologischen Gründen keine eigene aktive Politik betreiben können oder wollen oder in denen sie eher blockieren als internationale Kooperation konstruktiv gestalten.

Doch mit Blick auf die Entwicklung der amerikanischen Außenpolitik, wie sie unter Barack Obama Gestalt gewinnt, stellt sich gegenwärtig vor allem eine Frage: In welchem Maße soll die sich abzeichnende Rekonstruktion der amerikanischen Führungsrolle unterstützt werden, eine Erneuerung, deren Erfolg aufgrund innenpolitischer und internationaler Restriktionen keineswegs sicher ist? Drei grundsätzliche Argumente sprechen für eine flankierende Unterstützung in jenen Fällen, in denen eigene Interessen und Werte nicht kompromittiert werden.[12] *Erstens* liegt der Verzicht auf Trittbrettfahren im eigenen nationalen Interesse, wenn die Führungsmacht zur Bereitstellung sogenannter öffentlicher oder kollektiver Güter auf die Unterstützung anderer Staaten angewiesen ist. Damit sind solche Leistungen wie internationale Ordnung, Frieden oder Stabilität gemeint, von denen auch andere Staaten profitieren. *Zweitens* kann eine Zusammenarbeit als »Juniorpartner« in einem Politikbereich Verhandlungsmasse in anderen Bereichen schaffen; sie läßt sich so im Sinne einer konditionierten Kooperation für die Durchsetzung eigener Interessen und Positionen nutzen. *Drittens* schließlich kann eine Unterstützung auch der eigenen Glaubwürdigkeit dienen: Will sich Europa zu einem internationalen Akteur entwickeln, der seine Vorstellungen von globa-

---

12 Vgl. Rudolf, Peter, *Amerikapolitik. Konzeptionelle Überlegungen zum Umgang mit dem Hegemon*, Berlin: Stiftung Wissenschaft und Politik, September 2006.

ler Ordnungspolitik in manchen Bereichen auch gegen den Widerstand der USA durchsetzen will, muß es die Ernsthaftigkeit dieser Ambition auch dann unter Beweis stellen, wenn eine von der Sache gebotene Unterstützung der USA kostspielig ist.

Konkret stellt sich diese Frage für die deutsche Amerikapolitik vor allem in jenen Politikfeldern, in denen die Regierung Obama aufgrund wachsender eigener militärischer und wirtschaftlicher Kosten eine stärkere Lastenübernahme der Verbündeten erwartet – in der Afghanistan- und Pakistanpolitik zumindest die Übernahme weiterer finanzieller Verpflichtungen – oder wo, wie in der Iranpolitik, die westliche Verhandlungsmacht sich nur stärken läßt, wenn Deutschland und andere Staaten zu kostspieligen Sanktionen bereit sind. Die Frage nach stärkerer Übernahme von Verantwortung könnte sich auch im Nahen Osten stellen, wenn es tatsächlich zwischen Israelis und Palästinensern zu einem Endstatusabkommen käme und zu dessen Umsetzung eine internationale Militärpräsenz notwendig würde. Doch in all den Fällen muß gelten: »no taxation without representation« – die Übernahme größerer Lasten muß an die amerikanische Bereitschaft geknüpft sein, deutsche Interessen und Positionen stärker als bisher aufzunehmen (was im übrigen auch heißt, diese klar zu definieren).

Denn die Konfliktkonstellation in den transatlantischen Beziehungen hat sich zwar abgeschwächt, sie hat sich jedoch nicht aufgelöst: die militärische Machtasymmetrie und die institutionell tiefverwurzelte strategische Differenz bei der Wahrnehmung von Sicherheitsproblemen und der Reaktion auf Bedrohungen. Etwas plakativ ausgedrückt: Die Außenpolitik der USA ist global in der Orientierung, Washington versteht Multilateralismus sehr stark instrumentell, verfügt über reichliche militärische Macht und nutzt sie immer wieder. Deutsche und europäische Außenpolitik ist nach wie vor eher auf die europäische Peripherie orientiert, mit einer Präferenz für multilaterales Vorgehen und politisch-ökonomische Mittel. Wegen dieser strukturellen Differenzen muß Deutschland gerade in der Sicherheitspolitik auch unter einer eher multilateral orientierten amerikanischen Regierung wirkliche Konsultation immer wieder einfordern.

Die NATO wird sich aller Voraussicht nach auch unter Barack Obama nicht zu dem zentralen multilateralen Rahmen entwickeln, in dem die transatlantische Konsultation und Kooperation in wichtigen sicherheitspolitischen Fragen erfolgt, wie das deutsche Politiker in den letzten Jahren immer wieder forderten. Zwar nutzt auch die Regierung Obama die NATO zur Mitsprache in Angelegenheiten der europäischen Sicherheit und als »Werkzeugkasten« für ihre Globalpolitik. Doch selbst wenn sie an einer politischen Aufwertung der NATO interessiert sein sollte, so ist fraglich, ob sich eine in vieler Hinsicht nützliche Sicherheitsorganisation wie die NATO, die auf der Konstellation eines Seniorpartners und 27 Juniorpartnern beruht, zum primären Ort transatlantischer politischer Konsultationen transformieren läßt. Der klassische NATO-zentrierte »atlantische Multilateralismus« ließe sich nur bei einem Verzicht auf eine eigenständige europäische Rolle in der alten institutionellen Form wiederherstellen.[13]

Allen Bekundungen der wichtigen politischen Stellung der NATO zum Trotz hat sich in den transatlantischen Beziehun-

13 Eine nützliche Unterscheidung von drei Dimensionen des Multilateralismus nach 1945 – *global* multilateralism, *Atlantic* multilateralism und *European* multilateralism – trifft Oudenaren, John Van, »Transatlantic bipolarity and the end of multilateralism«, in: *Political Science Quarterly* 120/1 (2005), S. 1-32 (2 f.).

gen faktisch längst ein *modularer Multilateralismus* herausgebildet.[14] Die konkrete Abstimmung der Politik in zentralen Fragen findet zunehmend innerhalb kleinerer informeller
Gruppen statt: im Rahmen eines *Konzerts* der wichtigsten
Mächte und Organisationen. In der Balkanpolitik ist dies
die Kontaktgruppe, die sich aus den USA, Frankreich, Groß-
britannien, Deutschland und Rußland zusammensetzt; in der
Nahostpolitik das Quartett, bestehend aus den USA, Rußland, der EU und den Vereinten Nationen; in der Iranpolitik
die P5+1, womit die fünf ständigen Mitglieder des Sicherheitsrates plus Deutschland gemeint sind. Sollen politische
Strategien transatlantisch koordiniert und soll der Einsatz politischer und wirtschaftlicher Ressourcen abgestimmt werden, dann sind funktionsspezifische Kontaktgruppen, in denen die EU vertreten ist, vermutlich der am besten geeignete
Rahmen.[15]

In dieser Entwicklung zu Ad-hoc-Arrangements kommt
der Bedeutungsverlust formeller Bündnisse zum Ausdruck,
denn diese beruhen auf Voraussehbarkeit, auf stabilen Bedro-
hungslagen. Doch Bedrohungen sind im Fluß, ihre Wahrnehmung divergiert, zudem ist die Bereitschaft zum Einsatz
militärischer Macht sehr unterschiedlich ausgeprägt.[16] Die

14 Dazu und zum Begriff »modular multilateralism« vgl. Brown, Seyom,
Multilateral Constraints on the Use of Force. A Reassessment, Carlisle,
PA: Strategic Studies Institute of the U.S. Army War College, März
2006. – Francis Fukuyama (*America at the Crossroads. Democracy,
Power, and the Neoconservative Legacy*, New Haven, CT u. a.: Yale University Press, 2006) spricht vom »Multi-multilateralismus« und meint
Ähnliches.
15 Siehe die Überlegungen von Daalder, Ivo / Nicole Gnesotto / Philip Gor-
don, »A common U. S.-European Strategy on the Crescent of Crisis«, in:
dies. (Hg.), *Crescent of Crisis. U. S.-European Strategy for the Greater
Middle East*, Washington, D. C. und Paris: Brookings Institution Press /
European Union Institute for Security Studies, 2006, S. 219-241 (240 f.).
16 Vgl. Haass, Richard N., »The Palmerstonian moment«, in: *The National
Interest online* (1. Februar 2008), online verfügbar unter: ⟨http://www.

neuen multilateralen Formen sind institutionell zwar schwach ausgebildet, sie ermöglichen jedoch eine gewisse Abstimmung der Politik und erlegen den beteiligten Parteien eine gegenseitige Rechenschaftsverpflichtung auf. Diese mag vielleicht nicht nennenswert über die Verpflichtung hinausgehen, sich informiert zu halten, und keine wechselseitige Zustimmungspflicht umfassen. Gleichwohl bewahren diese informellen Foren die Essenz des Multilateralismus. Ein solcher modularer Multilateralismus aus sich ergänzenden, überlappenden, auch konkurrierenden, zum Teil sehr lockeren Institutionen wird mehr und mehr zum Handlungsrahmen, in dem Deutschland den Umgang mit der vielfach notwendigen, aber auch unter Barack Obama sicher manchmal unbequemen Vormacht USA gestalten muß.

cfr.org/publication/15145/palmerstonian_moment.html⟩ (Stand: September 2009).

Soziologie und Philosophie
in der edition suhrkamp
Eine Auswahl

- Gemeinschaften. Auf der Suche nach Sicherheit in einer be-
  drohlichen Welt. Aus dem Englischen von Frank Jakubzik.
  es 2565. 180 Seiten
- Leben in der Flüchtigen Moderne. es 2503. 287 Seiten

Ulrich Beck
- Gegengifte. Die organisierte Unverantwortlichkeit.
  es 1468. 324 Seiten
- Risikogesellschaft. Auf dem Weg in eine andere Moderne.
  es 1365 und es 3326. 396 Seiten
- Das Schweigen der Wörter. Über Terror und Krieg. Rede
  vor der Staatsduma Moskau, November 2001.
  Sonderdruck es. 57 Seiten

Andreas Bernard, Ulrich Raulff (Hg.). Theodor W. Adorno.
»Minima Moralia« neu gelesen. es 2284. 144 Seiten

Pierre Bourdieu
- Die politische Ontologie Martin Heideggers. Übersetzt von
  Bernd Schwibs. es 1514. 158 Seiten
- Über das Fernsehen. es 2054. 139 Seiten
- Praktische Vernunft. Zur Theorie des Handelns.
  es 1985. 225 Seiten

Judith Butler
- Psyche der Macht. Das Subjekt der Unterwerfung.
  es 1744. 197 Seiten
- Gefährdetes Leben. Politische Essays. Übersetzt von Karin-
  Wördemann. es 2393. 179 Seiten

Colin Crouch. Postdemokratie. es 2540. 159 Seiten

Gilles Deleuze
- Die Logik des Sinns. Aesthetica. Herausgegeben von Karl
  Heinz Bohrer. Übersetzt von Bernhard Dieckmann.

es 1707. 397 Seiten
- Unterhandlungen 1972-1990. Übersetzt von Gustav Roßler.
  es 1778. 262 Seiten

Jacques Derrida
- Das andere Kap. Die vertagte Demokratie. Zwei Essays zu
  Europa. Übersetzt von Alexander García Düttmann.
  es 1769. 97 Seiten
- Die unbedingte Universität. Übersetzt von Stefan Lorenzer.
  es 2238. 77 Seiten

Gudrun Ensslin/Bernward Vesper. Notstandsgesetze von Deiner Hand. Briefe 1968/69. Herausgegeben von Caroline Harm-
sen, Ulrike Seyer und Johannes Ullmaier. es 2586. 289 Seiten

Anthony Giddens. Entfesselte Welt. Wie Globalisierung unser Leben verändert. Übersetzt von Frank Jakubzik.
es 2200. 116 Seiten

Boris Groys. Das kommunistische Postskriptum.
es 2403. 95 Seiten

Jürgen Habermas
- Ach, Europa. Kleine politische Schriften XI. es 2551. 191 Seiten
- Der gespaltene Westen. Kleine politische Schriften X.
  es 2383. 208 Seiten
- Zeitdiagnosen. Zwölf Essays 1980-2001. es 2439. 264 Seiten
- Legitimationsprobleme im Spätkapitalismus.
  es 623. 208 Seiten

Wilhelm Heitmeyer (Hg.)
- Deutsche Zustände. Folge 1. es 2290. 304 Seiten
- Deutsche Zustände. Folge 2. es 2332. 320 Seiten
- Deutsche Zustände. Folge 4. es 2454. 320 Seiten
- Deutsche Zustände. Folge 5. es 2484. 300 Seiten

edition suhrkamp
Eine Auswahl

Giorgio Agamben. Signatura rerum. Über die Methode.
es 2585. 146 Seiten

Arjun Appadurai. Die Geographie des Zorns.
es 2541. 158 Seiten

Jakob Arnoldi. Alles Geld verdampft. Finanzkrise in der
Weltrisikogesellschaft. es 2590. 92 Seiten

Nanni Balestrini. Tristano. es 2579. 120 Seiten

Zygmunt Bauman. Wir Lebenskünstler. es 2594. 206 Seiten

Friedrich von Borries, Jens-Uwe Fischer. Heimatcontainer.
Deutsche Fertighäuser in Israel. es 2593. 200 Seiten

Boris Buden. Zone des Übergangs. Vom Ende des Postkom-
munismus. es 2601. 213 Seiten

Bernd Cailloux. Der gelernte Berliner. Sieben neue Lektio-
nen. es 2563. 251 Seiten

Max Dax. Dreißig Gespräche. es 2558. 330 Seiten

Daniele Dell'Agli. Essen als ob nicht. Gastrosophische Modelle. es 2518. 277 Seiten

Gudrun Ensslin, Bernward Vesper. »Notstandsgesetze von
Deiner Hand«. Briefe 1968/1969. es 2586. 289 Seiten

Werner Fritsch. Die Alchemie der Utopie. Frankfurter Poe-
tikvorlesungen 2009. es 2588. 190 Seiten

Durs Grünbein. Die Bars von Atlantis. Eine Erkundung in vierzehn Tauchgängen. es 2598. 60 Seiten

Wolfgang Fritz Haug. Kritik der Warenästhetik. Gefolgt von Warenästhetik im High-Tech-Kapitalismus. es 2553. 350 Seiten

Wilhelm Heitmeyer (Hg.). Deutsche Zustände. Folge 8. es 2602. 320 Seiten

Johannes Jansen. Im Durchgang. Absichten. es 2568. 70 Seiten

Thomas Kapielski. Mischwald. es 2597. 347 Seiten

Barbara Marković. Ausgehen. es 2581. 95 Seiten

Robert Menasse. Permanente Revolution der Begriffe. Vorträge zur Kritik der Abklärung. es 2592. 123 Seiten

Franco Moretti. Kurven, Karten, Stammbäume. Abstrakte Modelle für die Literaturgeschichte. es 2564. 138 Seiten

Valzhyna Mort. Tränenfabrik. Gedichte. es 2580. 86 Seiten

Barbara Nolte, Jan Heidtmann. Die da oben. Innenansichten aus deutschen Chefetagen. es 2599. 202 Seiten

Albert Ostermaier. Fratzen. Blaue Spiegel. Stücke. es 2587. 155 Seiten

Taras Prochasko. Daraus lassen sich ein paar Erzählungen machen. es 2578. 124 Seiten

Shalini Randeria, Andreas Eckert. Vom Imperialismus zum Empire. Nicht-westliche Perspektiven auf Globalisierung. es 2548. 337 Seiten

NF 383/3/9.09